밑바닥부터
시작하는
부동산
경매

항상 마음만 먹고 시작도 안 하는 초짜들을 위한 경매책

밑바닥부터
시작하는
부동산
경매

| **전용은** 지음 |

일에일북

어떻게 부동산 경매를 할 것인가

부동산 경매를 어떻게 해야 성공할 수 있을까? 잘하면 될까? 물론 잘하면 되지만 어떻게 하는 게 잘하는 것일까? 부동산 경매를 잘만 하면 돈도 많이 번다는데 돈 번 사람은 다 어디 있을까? 무슨 일이든 왕도는 없다지만 혹시 부동산 경매에는 있지 않을까? 이런저런 생각이 자꾸 꼬리를 물어 정작 시작도 못 해보고 계속 시간만 허비하는 사람들이 많다. 어디서부터 시작해 어디까지 알아야 경매를 잘할 수 있을까? 과연 부동산 경매로 돈을 벌 수는 있을까?

부동산 경매를 통해 돈을 벌 수 있을지는 확언할 수 없다. 돈을 버는 것은 지식을 아는 것과는 별개로 진득하고 꾸준히 노력해야 얻을 수 있는 결과물이기 때문이다. 그러나 평소에 부동산 경매에 대한 궁금증이 많았고, 어떻게 해야 하는지 알고 싶은 사람이라면 약간의 조언을 줄 수는 있다. 필자도 똑같은 고민을 가지고 있었으니까 말이다.

부동산 경매는 남의 돈을 빌려 쓰고 갚지 않은 사람이 가진 부동산을 강제로 매각한 다음 그 매각대금을 돈 받을 권리가 있는 사람들에게 나눠주는 일종의 징벌적 성격을 가진다. 징벌의 성격을 띠고 있기에 공평해야 하며, 진행과정에 흠이 없어야 한다. 그래야 문제없이 일이 제대로 돌아가기 때문이다.

강제로 부동산을 매각하는 경매에는 미리 정해진 법과 규칙이 있다. 그에 따라 모든 일을 진행하고 처리한다. 부동산이 매각되는 과정에서 불만을 가진 사람이 있을 수도 있는데, 그런 불만 역시 정해진 규칙에 따라 처리된다. 부동산 경매와 관련된 모든 일의 시작과 끝은 규칙에 따라 이뤄진다. 즉 부동산 경매는 규칙의 게임이다.

부동산 경매의 규칙을 정리해놓은 것이 「민사집행법」이다. 여기서 제1조의 목적 부분을 읽어보자.

이 법은 강제집행, 담보권 실행을 위한 경매, 민법·상법, 그 밖의 법률의 규정에 의한 경매(이하 "민사집행"이라 한다) 및 보전처분의 절차를 규정함을 목적으로 한다.

「민사집행법」을 살펴보면 뭔가 있어 보인다. 하지만 평범한 사람이 읽으면 무슨 말인지 해석 불가다. 어지럽다. 읽을 수는 있는데 도무지 해석이 안 된다. 뭔가 집행하고 실행한다는 건 알겠는데 보전처분은 또 뭔가 싶다. 경매는 매각을 한다는 것이고 보전은 보관한다는 것 같은데, 매각을 하면 하는 거지 보관을 왜 한다는 걸까? 경매는 일정한 규칙에 의해서 진행되는 것이고 그 진행을 위한 규칙이 「민사집행법」이라는데 첫 줄부터 이해가 안 된다. 이래서야 부동산 경매를 할 수 있을까 싶다. 역시 지금 하던 일을 계속하는 게 나은 걸까?

하지만 시작도 하기 전에 포기할 필요는 없다. 부동산 경매에는 수많은 관련자들이 있다. 이른바 이해관계인이다. 그중 우리가 원하는 포지션은 경매에 나온 부동산을 사는 투자자다. 무슨 말인가 하면 우리는 우리 입장에서 알아야 할 것들만 알면 된다는 의미다. 투자자 입장에서 알아야 할 규칙만 알면 되지, 굳이 다른 내용까지 익히느라 골치 썩일 이유가 없다. 전체 「민사집행법」의 내용 중에 투자자가 알아야 할 부분은 대략 10% 정도밖에 안 된다. 그 정도의 규칙만 알면 큰 문제없이 부동산 경매를 할 수 있고 돈 벌 수 있는 기회를 가질 수 있다. 심지어 그 10%도 완벽하게 알고 시작하지 않아도 된다. 세상 어떤 일도 완벽하게 익히고 시작하는 사람은 없다. 부동산 경매도 마찬가지다. 완벽하게 공부하려다가는 금방 지치고 만다.

운전하는 것에 비유하면 더 쉽게 이해할 수 있다. 초보 시절에는 누구나 운전대를 잡으면 떨린다. 옆으로 쌩쌩 달리는 다른 차들이 겁난다. 온 신경이 곤두서고 등허리는 땀에 흠뻑 젖는다. 그런데 이런 초보 시절에 사고를 내는 사람은 거의 없다. 모든 것이 서툴지만 모든 정신을 운전하는 데만 집중하기 때문에 사고가 나려고 해도 날 수가 없다. 옆에서 보기 답답할 정도로 주변 상황에 민감하게 반응하고 방어운전을 하기 때문이다. 그렇게 어느 정도 시간이 지나고 나면 언제 그랬는지 모르게 모두들 카레이서처럼 속도를 낸다.

부동산 경매도 그렇다. 처음 배우고 투자하는 시절에는 오히려 사고가 나지 않는다. 집중하고 또 집중하기 때문에 그렇다. 정신을 집중해서 하나씩 익히고 그것을 실무에서 경험으로 바꿔나가면 우리가 원하는 것을 이룰 수 있게 된다.

그렇게 부동산 경매의 첫걸음을 떼기 위한 조언을 담은 것이 바로 이 책이다. 재차 강조하지만 수없이 많고 복잡한 부동산 경매 규칙 중 투자자가 알아야 할 규칙은 그리 많지 않다. 규칙을 모르고는 부동산 경매를 할 수 없지만 그렇다고 알 필요가 없는 규칙까지 공부하느라 헤맬 이유는 없다. 반드시 알아야 할 내용만 알고 도전하면 된다. 투자자로서 알아야 할 최소한의 내용만 제대로 익히면 준비는 끝난다.

투자자에게 부동산 경매는 돈을 벌기 위한 도구일 뿐이지 학문이나 지식이 아니다. 어떻게 부동산 경매를 할 것인가를 고민할 필요는 없다. 그러면 평생 가도 부동산 경매하기 힘들다.

KBS 시사교양 프로그램 〈명견만리〉에 나온 내용을 보면, 우리나라 사람들의 자산 중 부동산의 비율이 75%에 달한다고 한다. 엄청난 수치다. 일본은 40%, 미국은 30%, 그리고 영국은 50%에 불과하다. 지금의 부를 이루는 데 우리나라는 부동산의 영향이 절대적이었다는 말이다. 그 비율이 줄어들기는 하겠지만 앞으로도 계속 부동산은 우리에게 가장 중요한 자산으로 남아 있을 것이다.

예전에 부동산 경매를 처음 공부하던 때 무척이나 힘들었다. 아무리 글을 읽어도 난독증이 있는 사람처럼 이해되지 않았다. 수십 권의 책을 읽고 나서야 겨우 감을 잡을 수 있었다. 한 권만으로는 불가능했다. 그때의 기억을 떠올리며, 이 책을 부동산 경매를 처음 접하는 사람들을 위한 완벽한 길잡이로 만들고 싶었다. 그러나 실패할 것 같았다. 쓰는 내내 한숨만 났다. 필자가 그럴 만한 능력이 안 된다는 걸 본능적으로 알았지만 충분히 극복할 수 있을 거라 자신했다. 그럼에도 불구하고 쓴 글을 읽어보면 무슨 말인지 스스로도 이해하지 못하는 부분이 많았다. 실패작이라는 생각이 들었다. 또 이래서는 아무도 책을 사지 않을 것이라는 불안감이 들었다.

쓰다가 고민하고 또 쓰다가 멈추길 수차례. 드디어 해결책 아닌 해결책을 생각해냈다. 각 장이 끝날 때마다 무엇을 말하고 싶었는지에 대한 '잡소리'를 달아보기로 한 것이다. 부동산 경매는 원래 법률 용어가 많고 절차도 생소하다. 특히 처음 접하면 욕이 절로 나올 정도다. 난잡한 필자의 글솜씨 때문만은 아닐 것이다. 어찌 됐든 집필을 마무리하긴 했다. 필자에게 독자의 입장이 되어서 이 책을 살 것이냐고 묻는다면, 고민스럽다. 그러나 다른 사람은 고민하지 말고 샀으면 좋겠다. 그리고 이 책이 부동산 경매를 처음 접하는 사람들에게 큰 도움이 됐으면 좋겠다. 진심이다.

전용은

차 례

1장

부동산 경매 시작하기

6장   경매 부동산의 새로운 시작

1장

부동산 경매 시작하기

$

✓ 부동산 경매란 도대체 무엇일까?

✓ 부동산 경매로 얻을 수 있는 것들

✓ 부동산 경매 투자자의 자세

부동산 경매란
도대체 무엇일까?

부동산을 시세보다 싸게 사고 싶을 때 사람들은 흔히 경매를 떠올린다. 맞다. 경매로 사면 부동산을 싸게 살 수도 있다. 하지만 무조건 싸게 살 수 있는 게 아니라 싸게 살 수도 있는 것이다. 경매라는 건 최고가를 써내는 사람이 갖게 되는 구조이기 때문에 반대로 잘못하면 비싸게 살 수도 있다.

경매로 부동산을 사려면 법원에 가면 된다. 왜 부동산을 법원에서 팔까? 법원은 소송을 진행하는 곳 아닌가? 맞다. 법원에서는 소송을 진행한다. 그리고 부동산도 판다. 경매의 개념을 알아보기 위해 왜 법원에서 부동산을 팔게 됐는지부터 살펴보자.

은행에서 돈을 빌려주는
판단기준

갑자기 돈이 필요한 경우 사람들은 대개 은행에 간다. 그렇다고 아무나 은행에서 돈을 빌릴 수는 없다. 은행도 남는 게 있어야 하지 않겠는가. 은행은 돈을 빌려주는 대가로 이자를 요구하고, 이자와 빌린 돈의 원금을 착실히 갚을 수 있는 사람인지를 판단한다. 은행의 기준을 통과한 사람만이 돈을 빌릴 수 있다.

　은행의 판단기준은 단순하다. 빌린 돈과 이자를 갚을 능력, 즉 고정수입이 있는 사람인지, 그리고 갚지 않을 경우 빌려준 돈을 회수할 수 있도록 담보를 제공할 수 있는지 등 2가지를 주로 판단한다. 여기서의 담보란 당연히 부동산이다. 일반인들이 쉽게 접할 수 있는 것 중 부동산만큼 확실한 자산은 없으니까.

　담보가 없어도 월급 같은 고정수입이 있으면 돈을 빌릴 수는 있지만 그 한도는 크지 않다. 이를 신용대출이라고 하는데 은행마다 다르지만 대개 3천만 원을 넘기기 힘들다. 평범한 사람이 그렇다는 말이다. 월급이 많고 그럴듯한 직업이 있으면 대출한도는 늘어난다. 사람 됨됨이만 보고 돈을 빌려줬는데 그대로 먹고 튀면 손해이니 한도를 짜게 정할 수밖에 없다. 반면 돈 빌리는 사람이 담보를 제공할 수 있다면 빌릴 수 있는 돈의 규모가 달라진다. 그래서 일반적으로 1억 원 이상의 큰돈을 빌리려면 담보 제공이 필수다. 2016년까지만 해도 담보만 좋다면 신용 확인은 그저 형식적인 절차에 가까웠다. 그러나 2017년 이후 정부 주도로 여러 대출규제 대책이 나오면서 이제는 담보와 신용이 모두 중요해졌다. 돈 빌리기가 어려워졌다는 말이다.

부동산 경매의
절차와 분류

은행이 돈을 빌려줬는데 빌려간 사람이 돈을 갚지는 않고 '배째라'는 식으로 나오면 어떻게 될까? 진짜 배를 쨀까? 그럴 순 없다. 먼저 담보 제공 없이 신용으로 돈을 빌려간 사람의 경우부터 은행이 어떻게 하는지 알아보자. 신용대출을 받아간 사람이 돈을 안 갚으면 은행은 강제로 돈을 회수할 수 있게 해달라고 법원에 요청한다. 이게 소송이다. 시간이 오래 걸리는 게 문제일 뿐 돈을 빌려준 근거가 있으니 은행은 승소판결문을 받는다. 그리고 이 판결문을 근거로 돈을 빌려간 사람의 재산을 조사한다. 조사를 통해 빌려간 사람 명의의 부동산을 찾으면 경매를 신청해서 매각한 뒤, 그 매각대금으로 빌려준 돈을 회수하게 된다. 이를 강제경매라고 부른다. 법원은 이왕 소송을 진행했으니 덤으로 경매까지 진행해서 마무리해준다. 일종의 애프터서비스라고 해도 좋다.

담보로 부동산을 제공하고 빌려간 사람이 돈을 안 갚는 경우에는 어떻게 할까? 담보를 제공받으면 은행은 돈을 빌려줌과 동시에 해당 부동산에 흔적을 남긴다. 이를 '근저당을 설정한다'고 표현한다. 즉 해당 부동산 등기사항전부증명서(등기부등본)에 '이 부동산은 ○○은행에서 돈을 빌려주고 담보로 잡았다'라는 표시를 해두는 것이다. 이 기록은 '만약 해당 부동산 소유자가 빌려간 돈을 갚지 않으면 복잡한 소송절차 없이 바로 경매를 신청해서 부동산을 매각하고 그 매각대금으로 빌려준 돈을 회수한다'라는 약속을 담고 있다. 그러니 담보대출을 받은 사람이 은행과 약속한 내용대로 돈을 갚지 않으면 은행은 바로 해당 부동산을 팔아버릴 수 있다. 은행에서 돈을 빌릴 때 그런 약속을 한 적이 없다고 아무리 따져봐야 소용없다. 부동산을 담보로 제공한다는 것 자체가 그런 의미를 담고 있는 것이다. 이것을 임의경매라고 부른다. 이것도 법원에서 애프터서비스처럼 처리해준다. 법 없이도 살 수 있는 사람은 없다. 법원은 선의를 가진 사람을 위한 지킴이니까 미리 공부해서 필요할 때 이용하는 게 좋다. 모르면 당하는 세상이다.

정리하자면 담보 없이 신용을 기반으로 대출을 받았을 경우 은행이 돈을 돌려받기 위해서는 빌려준 돈을 강제로 회수할 수 있게 해달라는 소송을 법원에서 해야 한다. 시간도 오래 걸리고, 돈 빌려간 사람에게 다른 재산이 있는지도 조사해야 한다. 한마디로 짜증나는 일이 많이 생긴다. 그래서 담보 없는 신용대출은 빌려주는 돈의 규모가 작다. 하지만 은행의 입장에서 부동산을 담보로 잡고 대출을 해주면 무진장 편하다. 돈 빌린 사람이 안 갚았을 때 담보로 잡은 부동산에 대해 바로 경매를 신청하고 기다리면 된다.

이런 절차는 은행과 개인 간의 거래뿐 아니라 개인과 개인 간의 거래에서도 똑같이 적용된다. 돈을 빌리려는 사람에게 담보로 제공할 부동산이 있으면 해당 부동산에 개인도 얼마든지 근저당을 설정하고 돈을 빌려줄 수 있다. 담보가 없다면 차용증을 쓰게 하고 돈을 빌려주면 된다. 이후 절차는 동일하다. 근저당을 설정했으면 바로 경매를 신청하고, 담보 없이 빌려주었다면 법원에서 돈 달라는 소송부터 진행한 후에 소송에서 이기면 판결문으로 경매를 넣으면 된다. 여기서 돈 빌려주는 사람은 채권자, 빌리는 사람은 채무자라고 한다. 은행이든 개인이든 돈 빌려주는 사람은 무조건 채권자다.

부동산 경매란 채권자의 요청에 의해서 국가기관인 법원이 돈을 갚지 않는 채무자의 부동산을 매각한 뒤 그 매각대금으로 채권자의 돈을 대신 찾아주는 절차이며, 큰 틀에서 보면 하나의 소송과정인 것이다. 즉 경매 부동산을 산다는 건 소송에 이해관계인으로 참여한다는 깊은 뜻이 담겨 있다.

경매와 비슷한 것으로 공매가 있다. 이는 세금을 안 낸 체납자들의 부동산을 강제로 매각해서 세금을 회수하는 절차를 말한다. 공공기관 및 지방자치단체는 국민과 주민에게 세금을 걷는다. 대부분 잘 내지만 그중에는 안 내고 끝까지 버티는 사람도 꽤 있다. 그러면 각 기관은 그런 체납자들의 부동산을 압류한 뒤 매각해서 미납된 세금을 충당한다. 이때 법원의 역할을 대신해서 부동산 매각을 대행하는 기관은 한국자산관리공사(KAMCO, 캠코)다. 즉 개인 간의 돈 거래에 따른 부동산 매각은 법원에서 담당하고, 세금 등의 체납에 따른 부동산 매각은 공기업인 한국자산관리공사에서 담당하게 된다. 부동산 경매와 공매는 이렇게 시작된다.

잡소리

임의경매와 강제경매, 뭐가 더 좋을까?

대부분의 경매 해설책을 보면 초반에 임의경매와 강제경매에 대해 설명한다. 부동산 경매가 시작하는 과정을 설명하려니 자연스럽게 나온다. 그런데 투자자의 입장에서 이게 중요할까? 부동산 경매 투자하는 사람들에게 물어보면 된다. "임의경매 물건과 강제경매 물건 중 어떤 것에 주로 투자하세요?" 이 질문을 들은 대부분은 "엥? 그게 무슨 소리야?"라고 답할 가능성이 높다.

사람들은 경매에 나온 부동산이 임의경매인지 강제경매인지가 아니라 투자하기에 좋은 물건인지 아닌지 그것만 신경 쓴다. 그냥 절차에 따른 분류라고만 생각하는 것이다.

중요한 건 가치 있는 부동산인지 확인하는 것이다. 하지만 임의경매와 강제경매로 나뉘는 절차를 통해서 어떤 쪽이 더 가치 있는 부동산인지 파악할 수는 없을까? 더불어 어떤 절차에 속한 부동산이 점유자를 내보내는 명도를 쉽게 할 수 있는지 알 수는 없을까?

반드시 그런 것은 아니지만 확률적으로 임의경매로 처리되는 부동산이 좀 더 가치가 있고 점유자 명도가 쉬울 수 있다. 임의경매는 부동산을 담보로 잡고 돈을 빌린 사람의 부동산을 경매로 매각하는 절차이기 때문이다. 가치가 있으니 담보로 잡고 돈을 빌려주는 게 아닌가? 당연한 소리다. 금융권이 투자하려는 우리보다 앞서 부동산에 대한 기초 평가를 해준 셈이다. 그러니 부동산 경매를 처음 하는 사람은 금융권에서 담보로 잡은 임의경매 물건을 중심으로 투자하는 게 좋은 결과를 얻을 확률이 높다.

강제경매는 담보 없이 돈을 빌린 사람에게 빚을 받기 위해 법원판결문으로 그 사람이 가진 부동산을 찾아 강제로 경매를 넣는 절차다. 부동산에 대한 기초 평가를 할 겨를이 없다. 물론 경매를 넣기 위한 감정평가는 진행하지만 돈을 빌려주기 위한 것과는 다르다. 사후약방문 격이다.

점유자를 내보내는 명도는 어느 쪽이 좀 더 쉬울까? 이것 역시 임의경매 절차로 매각하는 부동산이 더 쉬울 확률이 높다. 금융권에서는 부동산을 담보로 잡고 돈을 빌려준다. 그리고 부동산에 근저당권을 설정한다. 근저당권은 돈을 안 갚으면 경매를 넣어서 빚을 충당한다는 약속이다. 돈을 빌리는 사람도 그걸 인지하고 있다는 말이다. 그러니 자신이 돈을 안 갚아서 부동산이 경매로 매각되어도 엄청난 반발은 하지 못한다. 불만은 있지만 약속은 약속이다. 반면 강제경매는 고의든 아니든 자신이 보유한 부동산을 빼앗기듯이 경매로 매각당하는 절차다. 시작부터 감정이 상할 수밖에 없다. 돈을 안 갚는다는 게 아닌데 자기들 마음대로 찾아서 경매를 넣어버리니 분통 터질 수밖에 없다. 그 감정은 낙찰자, 최고가매수인에게 그대로 전가될 가능성이 높다. 그러니 명도과정은 강제경매가 더욱 힘들 확률이 높다.

투자자가 임의경매와 강제경매를 구분할 필요는 없다. 좋은 부동산, 가치 있는 부동산에 투자하면 된다. 그러나 투자 가치와 명도의 용이성은 확률적으로 임의경매 부동산이 더 나을 수 있으니 초보자라면 임의경매 물건에 주로 관심을 갖는 게 좋을 수 있다.

1장 부동산 경매 시작하기

투자자가 임의경매와 강제경매를
구분할 필요는 없다.
좋은 부동산, 가치 있는 부동산에
투자하면 된다.

부동산 경매로
얻을 수 있는 것들

부동산을 경매로 사는 것은 중개업소를 통해 사는 것과 비교해 몇 가지 장점을 가진다. 그중 첫 번째로 꼽는 게 싸게 살 수 있다는 점이다. 누구에게 물어도 싸게 살 수 있다는 걸 가장 큰 장점으로 꼽는다. 경매에 나온 부동산의 시세를 확인한 후 가격을 스스로 결정해서 입찰하기 때문에 그 가격에 낙찰된다면 당연히 싸게 살 수 있다. 이때 가져야 할 마인드는 '되면 좋고 떨어지면 말고'다. 이 마인드만 철저하게 고수한다면 계속 떨어지더라도 언젠가는 싸게 살 수 있다. 그런데 싼 게 비지떡인데 무조건 싸게 산다고 다 좋을까? 아무리 싸게 사도 이익을 낼 수 없다면 의미가 없다. 돈만 낭비하게 될 뿐이다.

여기서 생각의 전환이 필요하다. 부동산 경매로 얻을 수 있는 것은 싼 부동산이 아니라 가치 있는 부동산이다. 그게 그 말 아니냐고 생각할 수 있지만 전혀 다르다. 경매에 나온 부동산을 둘러보면 금방 알 수 있다. 경매에 나왔는데 아무도 관심이 없어서 감정가격의 50% 이하로 떨어진 부동산이 엄청 많다. 싸게 사는 게 경매의 장점이라면 그런 부동산을 사면 된다. 하지만 싸다는 이유만으로 부동산을 사봐야 아무런 이득이 없다. 오히려 부동산을 관리하는 데 돈 날리고 스트레스만 받게 된다.

단언컨대 우리가 경매시장에서 사야 하는 건 가치 있는 부동산이다. 가치 있는 부동산은 일반매매 시장에 잘 나오지도 않지만 나와도 굉장히 비싼 값을 부른다. 우리가 경매시장에 참여해야 하는 이유는 그런 가치 있는 부동산을 시세보다 싸게 살 가능성이 경매 투자에 있기 때문이다.

싸게 사는 것 하나만으로는 장점이 될 수 없다. 가치 있는 부동산을 싸게 사는 것이 가능해질 때 비로소 경매의 진짜 장점이 발휘되는 것이다. 이는 경매를 하는 모든 투자자들이 평생 생각해야 할 점이다. 가치 있는 부동산을 싸게 사는 것, 그게 우리가 경매를 하는 이유다.

이 외에도 법원에서 나서서 책임지고 거래를 해주기 때문에 돈만 먹고 튀는 매도자는 없으니 사기당할 위험이 없다는 점, 경매는 토지거래 허가 등 정부의 각종 규제에서 제외되어 있기 때문에 거래가 자유롭다는 점, 그리고 전국에 소재한 경매 부동산을 앉은 자리에서 모두 확인 가능하다는 점 등 경매의 장점이 몇 가지 있다. 그러나 경매를 하는 이유는 수익을 올리기 위한 것이므로 역시 가치 있는 부동산을 싸게 살 수 있다는 점이 부동산 경매로 얻을 수 있는 가장 훌륭한 이점이라 할 수 있다.

경매는 한번 경험하고 나면 이만큼 편한 제도가 없지만 알지 못할 때는 너무나 복잡하고 불편하게 보인다. 이 때문에 대중화되었다고는 하지만 여전히 일반매매 시장에 비해 참여자가 소수에 불과하다. 이는 여전히 많은 기회가 존재하고 있다는 의미다.

그러므로 경매로 수익을 내고 싶다면 한시라도 빨리 경매와 부동산에 관한 기본 지식을 익혀야 한다. 경매에는 거래를 알선하고 도와주는 부동산 중개업자가 존재하지 않는다. 관련된 거의 모든 일을 스스로 알아서 해야 한다. 물론 소유권이전을 도와주는 법무사나 투자 조언과 입찰대리 등 일부 업무를 대행하는 컨설팅업체가 있기는 하다. 그러나 앞으로 경매 투자를 꾸준히 하려면 투자자로서 알아야 할 지식은 갖추는 것이 좋다. 기본 지식을 제대로 갖추고 있어야 가치 있는 부동산을 알아볼 수 있는 눈이 생기고 실력을 더욱 키울 수 있다.

잡소리

혼신의 힘을 다하지 않으면 얻을 수 없다

새로운 일은 누구에게나 부담스러운 일이다. 그런데 뭔가에 홀린 듯이 끌리는 대로 따라가다가 사기를 당하기도 한다. 사기당하는 도중에는 아무런 의심도 없다. 오히려 확신이 든다. 나중에 알고 보면 세상에 그런 바보가 없다. 그러나 어쩔 도리가 없다. 정신 차리고 나서 보면 이상한 게 한둘이 아닌데 그때는 왜 깨닫지 못했을까? 정말 바보 천치라서? 아니다. 사기 치는 사람이 혼신의 힘을 다했기 때문이다. 그래서 당한 거다.

경매를 해서 돈을 벌거나 내 집 마련을 하고 싶은 사람이라면 혼신의 힘을 다해 사기 치는 사기꾼처럼 경매를 하면 된다. 그러면 성공할 수 있다. 싸게 내 집을 마련하려는 사람은 그렇게 될 것이고, 경매 투자를 해서 돈을 벌고 싶은 사람은 돈을 벌게 될 것이다.

대충 해도 될 것 같으면 경매를 한 번이라도 해본 사람은 다 부자가 되고 돈을 벌었을 것이다. 그런데 현실은 다르다. 경매 시작한 사람의 90%는 1년 안에 그만둔다는 말이 정설이다. 왜인지는 잘 알 것이다. 사기꾼처럼 혼신의 힘을 다하지 않아서 그렇다. 내 돈을 투자하는 것이니 진짜 진지하고 조심스럽게 또 목숨을 걸고 공부하고 투자할 것 같은데 그런 사람은 10%도 안 된다.

다들 경매를 부자가 되는 도구로 사용하고 싶은 생각은 굴뚝이다. 하지만 그러기 위해 필요한 노력은 귀찮게 여긴다. 어떻게 해야 할지 고민스러울 수도 있다. 사람은 원래 게으르니까 이해할 수 있다. 그런 사람은 그냥 책만 읽고 덮으면 된다. 모든 일은 다 때가 있는 법이니 그때가 오기를 기다리며 조용히 있어도 된다. 죽을 때까지 안 올 수도 있지만 다 자기 복이니 어쩔 수 없다. 그런 사람들 외에는 부동산이 주는 여러 좋은 점들을 생각하면서 일단 시작해보는 것이 좋다. '안 되면 말고'가 아니라 꼭 경매를 좋은 도구로 만들겠다는 각오로 시작하면 더 좋다.

부동산은 살아가면서 반드시 알아야 할 필수 항목이다. 부동산을 모르고서는 세상을 잘 살아갈 수 없다. 더 나아가 부동산 투자를 잘해서 돈 번 사람들도 많다. 늦었다고 생각할 때가 진짜 늦은 것일 수도 있다. 그래도 지금 당장 부동산 경매를 시작하면 우리에게 인생을 역전할 기회가 올 수도 있다. 돈벼락을 맞게 될지도 모른다. 그게 부동산 경매의 가능성이다.

부동산 경매
투자자의 자세

부동산 경매를 이용한 재테크는 본인이 직접 하든 경매 전문가의 도움을 받든 결과에 대한 책임은 본인에게 있으므로 신중한 접근이 필요하다. 부동산 경매가 가진 장점만 보고 준비 없이 시작했다가 예상치 못한 손해로 좌절할 수도 있으니 관련 지식을 잘 공부하고 시작해야 한다. 기본적인 공부도 하지 않고 막연한 기대만 가지고 접근하는 것은 모래 위에 성을 쌓는 것과 같다. 처음에는 그럴듯해 보이지만 올라가는 과정에서 대비하지 못한 틈새 하나로 모든 것이 무너져 내릴수도 있으니 항상 주의하고 조심스럽게 접근해야 한다.

경매 투자의
3가지 포인트

부동산 경매 투자를 할 때 위험에 빠지지 않고 상대적으로 좀 더 나은 투자를 하기 위해서 알아야 할 중요한 포인트가 3가지 있다. 이 3가지를 명확히 이해하고 부동산 경매를 시작한다면 투자의 성공률을 높일 수 있을 거라고 생각한다.

첫째, 부동산 경매를 하려는 사람은 그 목적을 분명히 해야 한다. 누구나 돈을 많이 벌고 싶어 하고 그 과정에서 부동산 경매를 만나게 된다. 돈을 벌 수 있을 거라는 막연한 기대로 투자를 결심한다. 그리고 실패한다.

돈을 벌고자 하는 것은 목적이나 목표가 될 수 없다. 부동산 경매를 하는 모든 사람의 공통적인 생각이 돈을 버는 것이긴 하지만 숫자로 표현할 수 없는 막연한 희망은 목표가 될 수 없다. 명확하고 구체적으로 목표를 세울 필요가 있다. 예를 들어 "단기적으로 1년 이내에는 경매에 익숙해지고, 3년 이내에는 OOO원을 벌고, 장기적으로 5년 내지 10년 안에는 부동산 경매를 통해 자산 OOOO원을 확보하겠다"라는 등의 목표다. 구체적인 목표나 목적 없이 시작하는 것은 '돈 벌면 좋고 아니면 말고' 식의 무책임한 태도일 수 있다. 그러므로 부동산 경매를 하기로 마음먹었다면 먼저 구체적인 목표를 세우고 이를 실행하기 위한 수단으로 부동산 경매를 어떻게 활용할 수 있을지 활동계획을 수립하는 게 좋다.

둘째, 부동산 경매 투자의 조건을 명확히 해야 한다. 바꿔 말하면 자기 자신의 현재 상황과 여건에 부합하는 투자를 해야 한다는 것이다. 부동산 경매는 돈이 적든 많든 자신의 자금에 맞춰 얼마든지 투자할 수 있다. 다만 가진 자금이 적다면 상대적으로 몸이 바빠진다. 그런데 직장에 매여 있는 사람이 단순히 자금이 적다는 이유로 바쁘게 움직여야 할 소액 투자를 한다면 자신의 상황과 맞지 않는 투자일 수 있다. 물론 모든 소액 투자가 그런 것은 아니지만, 자금이 부족해 소액을 투자하게 되면 투자한 돈을 빨리 회수하려는 생각을 갖게 된다. 투자한 돈을 회수해서 재투자하려는 생각이 강하다 보니 마음만 초조해지고, 결국 처음 생각한 대로 일이 진행되지 않으면 역시 부동산 경매는 어려운 것이라고 생각해 포기해버리고 만다. 돈이 부족하면 저렴한 물건 위주로 투자를 해야 하지만 그렇다고 투자를 시작하기도 전에 재투자를 고민할 필요는 없다. 하나씩 천천히 자신의 여건에 맞춰 해나가도 충분하다.

부동산 경매에 나오는 물건은 각각 나름의 특성이 있고 종류별로 다양한 사연을 안고 있다. 마찬가지로 부동산 경매를 하려는 사람들도 각자 처한 사정, 자금여력과 지식 수준이 다양하다. 그렇기에 부동산 경매를 하려면 먼저 자기 자신에 대한 분석부터 철저히 해서 자신의 투자여건을 제대로 파악한 뒤 이에 맞는 물건을 골라 투자하는 것이 가장 현명하다.

셋째, 수익에 대한 욕심을 버려야 한다. 부동산 경매를 하는 목적은 모두 다 돈을 벌기 위한 것이지만, 역설적으로 처음에는 수익에 대한 지나친 욕심을 자제해야 한다. 부동산 경매를 시작하는 대부분의 사람들이 공통적으로 하는 말이 처음부터 많은 수익을 바라지는 않는다고 하는 것이다. 하지만 그 욕심 없는 마음이 초보의 상태를 벗어날 때까지 계속 지속되는 경우는 거의 없다. 대부분의 사람들은 투자에 익숙해지기도 전에 자신의 실력보다 넘치는 수익을 기대한다. 수익이 나지 않는 상태에서 꾸준히 공부하고 노력하기에는 한계가 있기에 시간이 지날수록 초조해지기 시작한다. 과연 내가 부동산 경매를 잘할 수 있을지에 대한 확신도 줄어든다. 초심을 유지하고 꾸준히 실천하기가 어려운 것이다. 하지만 수익에 대한 조바심과 욕심이 늘어날수록 자가당착에 빠지기 쉽다. 부동산 경매는 중도를 지키기가 참 어렵다. 빠르게 가면 위험에 빠지기 쉬우므로 늦더라도 오래 갈 수 있다면 그게 곧 빠른 길이다. 욕심으로 전체를 그르치는 것보다는 가능성을 높일 수 있는 방법을 연구하고 천천히 가는 것이 성공할 확률이 높다.

잡소리

부동산 경매 투자자의 덕목은 끈기다

부동산 경매에 한 방은 없다. 첫 투자에서 만족할 만한 수익을 올리는 사람도 없다. 초보의 눈엔 초보용 물건만 보이고 고수의 눈엔 고수용 물건만 들어온다. 가치 있는 부동산이란 상대적인 것이기 때문이다. 대부분은 그런 사실을 인정한다. 물론 겉으로 그렇다 하지만 속에는 욕심이 가득하다. 다들 똑똑해서 자기는 잘할 거라고 생각한다. 만만하게 보지 않는다고 입으로만 말할 뿐 행동은 하지 않는다. 가치 있는 부동산을 싸게 사는 건 부단한 노력의 결과물이다. 그것도 꾸준히 열심히 하는 사람에게만 주어진다. 경매를 하는 모든 사람에게 그런 기회가 주어지면 그처럼 불공정한 게임도 없을 거다.

부동산 경매를 처음 하는 사람들의 마음가짐은 대부분 비슷하다. 1년 정도 꾸준히 공부하고 부지런히 입찰해서 경험을 쌓고 돈 좀 벌어보겠다고 한다. 그러고는 얼마 못 가 그만둔다. 실제로 해보니 만만치 않은 것 같고 꾸준히 하는 게 귀찮은 것이다. 어느 정도 공부를 한 것 같아 물건을 찾아보니 뭐가 뭔지 감이 잘 안 온다. 또 현장에 나가서 실제 시세도 확인해봐야 한다. 누가 대신해주면 좋겠고 직접 하자니 짜증스럽다.

혹시나 싶은 마음에 부동산 경매를 하려는 사람이 너무 많다. 그럴 거면 차라리 안 하는 게 돈 버는 길이다. 경매를 공부하려면 책도 사서 읽고 경매 교육도 들어야 한다. 투자를 시작하기도 전부터 돈을 써야 하는 것이다. 게다가 현장에 가보려면 쉬지도 못하고 차비도 든다. 정성이 어지간히 드는 게 아니다. 소싯적에 이런 열정으로 공부를 했으면 서울대도 갔을 거라는 생각이 든다. 쉬는 날 빈둥거리기도 하고 TV도 보고 놀러도 가야 하는데 갑갑하다.

부동산 경매를 하면 얻을 수 있는 것들이 너무 많다. 하지만 그 대가로 지금껏 누리던 것들을 포기해야 할 때도 많다. 그것들을 단번에 내려놓지 못하면 부동산 경매로 얻을 수 있는 것은 없다. 아무것도 포기하지 않고 얻으려 하면 진짜 양심도 없는 인간이다. 처음엔 가능할 줄 알았을 것이다. 그러나 돈 쓰면서 공부를 시작하면 비로소 알게 된다. "난 틀렸어. 너 먼저 가." 이 말은 지금 경매를 시작한 당신이 곧 쓰게 될 말일지도 모른다.

부동산 경매는 포기하지 않고 꾸준히 해야 돈을 벌 수 있다. 가치 있는 부동산은 그렇게 사는 것이다. 포기하지 않는 한 기회는 온다. 그래서 부동산 경매 투자자의 첫째가는 덕목은 끈기다. 끈기를 가진 사람만이 성공할 수 있다.

핵심내용

- 부동산 경매란 채권자의 요청에 의해서 국가기관인 법원이 돈을 갚지 않는 채무자의 부동산을 매각한 뒤 그 매각대금으로 채권자의 돈을 대신 찾아주는 절차이며, 큰 틀에서 보면 하나의 소송 과정이다. 즉 경매 부동산을 산다는 건 소송에 이해관계인으로 참여한다는 깊은 뜻이 담겨 있다.

- 강제경매는 담보 없이 돈을 빌린 사람에게 빚을 받기 위해 법원 판결문으로 그 사람이 가진 부동산을 찾아 강제로 경매를 넣는 절차다.

- 임의경매는 담보로 부동산을 제공한 사람이 돈을 갚지 않는 경우에 담보로 잡은 부동산에 대해 경매를 진행하는 경우다.

- 경매와 비슷한 것으로 공매가 있다. 이는 세금을 안 낸 체납자들의 부동산을 강제로 매각해서 세금을 회수하는 절차를 말한다.

- 싸게 사는 것 하나만으로는 경매의 장점이라고 할 수 없다. 가치 있는 부동산을 싸게 사는 것이 가능해질 때 비로소 경매의 진짜 장점이 발휘되는 것이다. 이는 경매를 하는 모든 투자자들이 평생 생각해야 할 점이다. 가치 있는 부동산을 싸게 사는 것, 그게 우리가 경매를 하는 이유다.

- 부동산 경매를 하려는 사람은 그 목적을 분명히 해야 한다. 돈을 벌고자 하는 것은 목적이나 목표가 될 수 없다. 부동산 경매를 하는 모든 사람의 공통적인 생각이 돈을 버는 것이긴 하지만 숫자로 표현할 수 없는 막연한 희망은 목표가 될 수 없다. 명확하고 구체적으로 목표를 세울 필요가 있다.
- 부동산 경매 투자의 조건을 명확히 해야 한다. 바꿔 말하면 자기 자신의 현재 상황과 여건에 부합하는 투자를 해야 한다는 것이다.
- 경매 투자를 처음 시작할 때는 수익에 대한 욕심을 버려야 한다. 부동산 경매를 하는 목적은 모두 다 돈을 벌기 위한 것이지만, 역설적으로 처음에는 수익에 대한 지나친 욕심을 자제해야 한다.

부동산 경매 훑어보기

- ✓ 투자 전에 알아야 할 부동산 서류
- ✓ 부동산 경매 용어 짚고 넘어가기
- ✓ 부동산 경매 진행절차 이해하기
- ✓ 부동산 경매 정보 제대로 수집하기
- ✓ 부동산 경매 투자과정 둘러보기

투자 전에 알아야 할
부동산 서류

아주 기초 중의 기초부터 짚고 넘어가야겠다. 의외로 이 부분을 잘 모르는 사람이 많다. 이것만 잘 알아도 어디 가서 잘난 체할 수 있으니 너무 지겨워하지는 않으면 좋겠다.

우리나라와 대부분의 선진국들은 삼권분립의 국가다. 입법, 사법, 행정이 서로 분리되어 있다는 말이다. 입법이란 법을 만드는 것을 의미하는데 우리나라의 경우 국회의원이 바로 입법을 하는 국회 구성원이다. 즉 국회의원은 법을 만들거나 없애는 일이 주 업무다. 사법이란 법을 집행하는 것이다. 즉 사법기관은 법을 잘 지키는지 아닌지를 관리·감독하고 법을 지키지 않는 사람에게 벌을 주는 역할을 한다. 행정이란 국가 내부의 업무를 운영하는 것을 말한다. 쉽게 말하면 나라 살림을 담당하는 역할을 한다.

부동산 경매를 하는 데 입법, 사법, 행정 업무를 알아야 하는 이유는 뭘까? 부동산은 아주 중요한 자산이기에 개인이 소유하고 있다고 하더라도 국가 및 지방자치단체의 주요 관리대상이 되기 때문이다. 개인들이 보유한 부동산은 소유권과 상관없이 일률적으로 국가 및 지방자치단체에서 관리·감독한다. 따라서 하나의 부동산에 여러 관리자가 존재하고, 관리자의 입맛에 따라 만들어진 여러 가지 서류가 존재한다. 이게 바로 부동산을 사고팔 때 다양한 서류가 등장하고 복잡해지는 이유다. 하나의 부동산에 하나의 서류만 있으면 편하다. 그런데 우리나라는 하나의 부동산에 여러 개의 서류가 있고 그 서류를 만든 기관도 다 제각각이다. 그러니 어느 기관에서 어떤 서류를 만드는지를 모르면 헷갈리고 부동산 투자를 하기도, 소유권을 이전하기도 어렵다. 그래서 법무사나 행정사 같은 서류 도우미들이 먹고사는 것이다.

부동산이 자칫 경매에 들어가면 일반인이 보기에는 쓸데없는 서류가 더 늘어난다. 그래서 경매가 어려워 보이는 것이다. 아이러니하게도 경매가 복잡하고 어려워 보이는 만큼 경쟁이 덜 치열하고 그래서 먹을 게 여전히 남아 있다. 그러니 부동산과 관련된 서류는 무엇이 있는지, 어디에서 만들고 관리하는지를 알면 사람마다 다르겠지만 투자가 엄청 쉬운 것처럼 느껴질 수도 있다.

경매 투자를 하기 전에 알아야 할 가장 기본적인 서류는 부동산 등기사항전부증명서, 건축물대장, 토지대장 등 3가지 정도로 압축할 수 있다. 이 외에도 여러 서류가 있기는 하지만 이 3가지만 제대로 알아도 기본적인 투자를 하기에 큰 무리가 없다.

그러면 이 3가지 서류를 만들고 관리·감독하는 기관은 어디일까? 먼저 부동산 등기사항전부증명서의 경우를 보면, 등기에 관한 내용은 등기소에서 관리한다. 등기소는 법원 소속이다. 그리고 법원은 사법부 소속이다. 사법부는 국가기관이므로 부동산 등기사항전부증명서는 국가에서 직접 관리·감독하는 서류다. 이 증명서는 필요한 사람이라면 누구나 각 지역 등기소나 무인발급기 혹은 '대법원 인터넷등기소(www.iros.go.kr)'에서 발급받을 수 있다.

건축물대장과 토지대장은 각 지방자치단체에서 만들고 관리·감독한다. 지방자치단체는 주민들의 업무 편의를 위해 행정업무의 일부를 지역별로 독립적으로 운영하는 공공단체의 성격을 지닌다. 따라서 행정부와 같은 역할을 하는 것으로 볼 수 있다. 관련 서류는 시청, 군청, 구청 및 무인발급기 혹은 '민원24(www.minwon.go.kr)' 사이트에서 발급받을 수 있다.

주민등록등본 혹은 초본을 떼러 등기소에 가는 사람은 없다. 하지만 부동산 등기사항전부증명서를 떼러 말단 행정조직인 주민센터에 가본 사람은 분명 있다. 마침 방문했던 주민센터에 무인발급기가 있었다면 다행이겠지만, 부동산 투자를 하려면 어떤 서류를 어느 기관에서 관리하고 어디서 발급받아야 하는지 당연히 알아야 한다. 주민등록등본을 발급받으러 주민센터에 가는 게 당연한 것처럼 말이다. 지금은 인터넷으로 거의 모든 민원서류를 다 발급받을 수 있는 시대다. 심지어 주민등록등본과 초본은 무료 발급이 가능하다. 아는 게 힘이다. 모르면 손발이 피곤할 뿐 아니라 평생 남보다 가난하게 살 수밖에 없다.

주민등록초본과 같은
부동산 등기사항전부증명서

부동산 등기사항전부증명서(구 등기부등본)는 사람으로 치면 주민등록초본과 같은 역할을 하는 서류다. 부동산 등기사항전부증명서는 토지, 건물, 집합건물 등 세 종류가 있고, 각 증명서는 표제부, 갑구 및 을구로 나뉜다.

일반 부동산은 토지 등기사항전부증명서와 건물 등기사항전부증명서로 나뉘는데, 아파트나 오피스텔이 규격화된 부동산은 토지와 건물 증명서를 따로 관리하는 게 비효율적이어서 증명서를 하나로 합쳐 관리한다. 이를 집합건물 등기사항전부증명서라 부른다.

1) 표제부

토지와 건물의 표제부에는 해당 부동산의 주소와 면적이 간략히 기재된다. 그런데 집합건물 증명서의 표제부는 전체 건물면적과 그중 소유자의 소유면적, 그리고 전체 토지면적과 그중 소유자의 소유면적의 비율로 나뉘어 상세히 기록된다.

• 등기사항전부증명서 표제부 •

[건물] 서울특별시 ▩▩▩▩▩▩▩▩▩

【 표 제 부 】 (건물의 표시)				
표시번호	접 수	소재지번 및 건물번호	건 물 내 역	등기원인 및 기타사항
1 (전 1)	1989년3월9일	서울특별시 서대문구 ▩▩	벽돌조세멘벽돌슬래브지붕2 층주택 1층 54.33㎡ 2층 54.33㎡ 지층 54.33㎡ (구조 지,1층 벽돌조 2층 세멘벽돌조)	도면편철장 제1책185장
				부동산등기법 제177조의 6 제1항의 규정에 의하여 2001년 09월 11일 전산이기
2		서울특별시 서대문구 ▩▩ [도로명주소] 서울특별시 서대문구 ▩▩	벽돌조세멘벽돌슬래브지붕2 층주택 1층 54.33㎡ 2층 54.33㎡ 지층 54.33㎡ (구조 지,1층 벽돌조 2층 세멘벽돌조)	도로명주소 2012년7월19일 등기 도면편철장 제1책185장

• 등기사항전부증명서 갑구 •

【 갑 구 】 (소유권에 관한 사항)				
순위번호	등 기 목 적	접 수	등 기 원 인	권리자 및 기타사항
1 (전 2)	소유권이전	1981년1월28일 제2190호	1972년3월7일 매매	소유자 ▩▩▩ 부안군 ▩▩▩▩▩▩ 법률 제3094호에 의하여 등기
				부동산등기법 제177조의 6 제1항의 규정에 의하여 2002년 06월 10일 전산이기
2	가압류	2009년10월14일 제25944호	2009년10월14일 전주지방법원 정읍지원의 가압류결정(200 9카단▩)	청구금액 금10,000,000 원 채권자 농업협동조합중앙화 110136-0027690 서울 중구 충정로1가 75 (정읍권역보증센터)
3	강제경매개시결정(2 번가압류의 본압류로의 이행)	2017년9월4일 제15652호	2017년9월4일 전주지방법원 정읍지원의 강제경매개시결 정(2017타경▩)	채권자 농업협동조합중앙화 110136-0027690 서울특별시 중구 새문안로 16(중정로1가) (정읍권역보증센터)
4	소유권이전	2018년9월18일 제17151호	2018년9월14일 강제경매로	소유자 ▩▩▩ 전라북도 ▩▩▩▩▩▩

2) 갑구

갑구에는 누가 소유하고 있는지와 소유권에 어떤 문제가 있는지가 나와 있다. 여기서의 문제란 관리·감독 기관과의 문제와 타인과의 문제로 구분되는데 다 돈 문제다. 관리·감독 기관은 (부탁하지도 않았는데) 부동산을 관리·감독하는 명목으로 부동산 소유자에게 세금을 걷는다. 이때 세금을 납부하지 않으면 부동산에 체납 사실을 기록하게 되는데 이게 압류다.

또 개인끼리도 돈을 빌려 쓰고 안 갚으면 돈을 빌려준 사람이 빌려 간 사람의 부동산을 압류할 수 있다. 이때 차용증 등의 증빙서류만 있으면 임시로 압류부터 하고, 따로 부당이득금 반환 등의 본 소송을 해서 돌려받을 돈에 대한 최종 확정판결을 받으면 된다. 개인은 대부분 확정판결 전에 먼저 압류를 하는데, 이때 임시 '가' 자를 앞에 붙여서 가압류라고 기록한다. 이후 확정판결을 받으면 이를 근거로 상대방의 부동산을 경매에 넣을 수 있다.

국가 및 지방자치단체 등의 압류는 확정판결과 같은 효력을 지니고 있기에 압류만으로 체납자의 부동산을 매각할 수 있다. 이때 소유권에 관한 문제로 인해 부동산을 경매(경매개시결정 등기) 혹은 공매(공매공고 등기)로 매각하는 경우 그 기록도 갑구에 함께 등록한다.

그 외에 갑구에는 가처분도 기록되는데 가처분은 처분금지와 점유이전금지 2가지가 있다. 간단히 설명하면, 처분금지는 소유권에 관한 다툼이 생겨서 결론이 날 때까지 매매를 금지하도록 하는 것이고, 점유이전금지는 해당 부동산에 거주하는 사람과 거주(점유)의 정당성을 놓고 다툼이 벌어져 결론이 날 때까지 거주를 다른 사람에게 이전하지 못하도록 하는 것이다.

• 등기사항전부증명서 을구 •

【 을 구 】 (소유권 이외의 권리에 관한 사항)				
순위번호	등 기 목 적	접 수	등 기 원 인	권리자 및 기타사항
1	근저당권설정	2009년7월20일 제71109호	2009년7월20일 설정계약	채권최고액 금351,000,000원 채무자 서울특별시 근저당권자 주식회사국민은행 110111-2365321 서울특별시 중구 남대문로2가 9-1 (곡선동지점)
2	전세권설정	2016년11월21일 제108925호	2012년11월15일 설정계약	전세금 금230,000,000원 범 위 건물의 전부 존속기간 2012년11월15일부터 2017년11월30일까지로한다 전세권자
2-1				2번 등기는 건물만에 관한 것임 2016년11월21일 부가
3	2번전세권설정등기	2018년1월26일	2018년1월25일	

3) 을구

을구에는 돈을 빌린 흔적(근저당권)과 거주에 관한 흔적(전세권, 임차권)을 기록한다. 갑구와 을구를 비교하면 소유권과 관련된 문제가 발생해 합의가 되지 않았을 때의 기록(압류, 가압류 등)은 갑구에 하고, 합의에 의한 돈 문제(근저당권)나 거주 관련 내용(전세권, 임차권)은 을구에 기록한다고 이해하면 쉽다.

4) 등기사항 요약

부동산 등기사항전부증명서의 맨 마지막 장에는 앞서 기록된 표제부, 갑구 및 을구의 주요 등기사항을 요약해서 한눈에 보기 편하도록 구성되어 있다. 등기사항전부증명서는 이미 말소된 내용이라도 기록은 그대로 두고 빨간 줄을 그어서 그대로 표시하도록 되어 있다. 앞의 내

주요 등기사항 요약 (참고용)

[주 의 사 항]

본 주요 등기사항 요약은 증명서상에 말소되지 않은 사항을 간략히 요약한 것으로 증명서로서의 기능을 제공하지 않습니다.
실제 권리사항 파악을 위해서는 발급된 증명서를 꼭 확인하시기 바랍니다.

고유번호 1358-2008-001792

[집합건물] 경기도 수원시 ▮▮▮▮▮

1. 소유지분현황 (갑구)

등기명의인	(주민)등록번호	최종지분	주 소	순위번호
▮▮▮ (소유자)	▮▮▮▮▮	단독소유	경기도 ▮▮▮▮▮	6

2. 소유지분을 제외한 소유권에 관한 사항 (갑구)
 - 기록사항 없음

3. (근)저당권 및 전세권 등 (을구)

순위번호	등기목적	접수정보	주요등기사항	대상소유자
5	근저당권설정	2018년10월12일 제98707호	채권최고액 금321,600,000원 근저당권자 주식회사신한은행	▮▮▮

용에는 살아 있는 것과 말소된 것이 함께 기록되어 있어서 복잡한 반
면, 마지막의 주요 등기사항 요약본은 살아 있는 것만 정리해 두었기
에 누구라도 쉽게 현황을 파악할 수 있다.

건물의 모든 정보가 담긴
건축물대장

부동산 등기사항전부증명서는 소유권 및 권리관계에 중심을 둔 서류
이고, 건축물대장은 이용현황에 중심을 둔 서류다. 구체적으로 건축
물의 위치, 면적, 구조, 용도, 층수 등 건축물의 현황 내용과 건축물 소
유자의 성명, 주소, 소유권리 등의 현황을 등록해 각 지방자치단체에

48

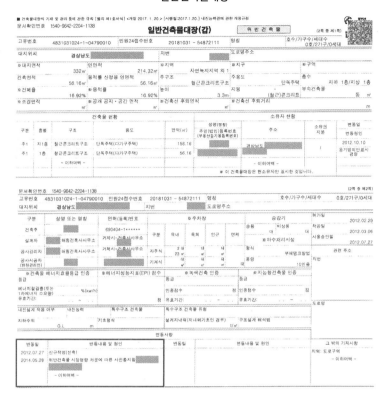

• 일반건축물대장 •

서 관리한다. 실제 이용현황에 중점을 두고 관리하기 때문에 불법개축 혹은 증축 문제 발생 시 건축물대장에 별도로 기록한다. 경매로 건물을 매수하려는 경우 건축물대장을 반드시 확인해 불법적인 요소가 없는지 꼼꼼히 살펴봐야 한다.

건축물을 신축하는 경우 건축물대장을 먼저 만들고 이를 근거로 부동산 등기사항전부증명서를 신규 작성하고, 이후 거래를 통해 소유권이 바뀌면 등기사항전부증명서의 소유권이 먼저 변경된 뒤 이를 근거로 건축물대장의 명의가 바뀌게 된다.

토지에 대한 정보가 담긴
토지대장

토지대장도 건축물대장과 마찬가지로 이용현황에 중심을 둔 서류다. 토지의 사용용도(지목)와 실제 면적 등을 확인하는 용도이며, 개별공시지가도 등록되어 있다.

만일 토지대장과 토지 등기사항전부증명서에 등록된 면적이 서로 상이한 경우에는 어떻게 처리될까? 먼저 소유권에 관한 내용이 서로 다른 경우에는 등기사항전부증명서상에 등록된 내용을 기준으로 삼

• 토지대장 •

고유번호	4887037025 - 10178 - 0000			토지 대장		도면번호	7	발급번호	20181031 - 0101 0001
토지소재						장 번 호	1 - 1	처리시각	11 시 56분 38초
지 번		축 척	1:1200			비 고		발 급 자	인터넷민원

토 지 표 시			소 유 자		

지 목	연 적(㎡)	사 유	변 동 일 자	주 소	
			변 동 원 인	성명 또는 명칭	등 록 번 호
(01) 전	754	(40)1969년 12월 31일 지목변경	2007년 03월 15일 (03)소유권이전	시흥	
		--- 이하 여백 ---	--- 이하 여백 ---		

등 급 수 정 년 월 일	1984. 07. 01. 수정	1985. 07. 01. 수정	1991. 01. 01. 수정	1992. 01. 01. 수정	1993. 01. 01. 수정	1994. 01. 01. 수정	1995. 01. 01. 수정	
토 지 등 급 (기준수확량등급)	71	73	80	80	90	94	96	
개별공시지가기준일	2012년 01월 01일	2013년 01월 01일	2014년 01월 01일	2015년 01월 01일	2016년 01월 01일	2017년 01월 01일	2018년 01월 01일	용도지역 등
개별공시지가(원/㎡)	10800	11100	12000	12100	12600	13200	14400	

토지 대장에 의하여 작성한 열람본입니다.
2018년 10월 31일

경상남도 함양군수

는다. 반면에 면적 혹은 지목 등의 물리적 이용현황에 관한 사항이 다른 경우에는 등기사항전부증명서가 아닌 토지대장을 기준으로 삼는 것이 원칙이다.

잡소리

부동산 서류와 친해지자

부동산 등기사항전부증명서, 건축물대장, 토지대장은 경매와 상관없이 부동산의 소유권과 관리의 효율성을 위해 이미 만들어져 있는 서류다. 따라서 부동산을 거래하고자 하는 사람은 경매든 일반매매든 이 3가지 서류를 반드시 알아야 한다.

"난 몰라도 별 문제 없던데?"라고 하는 사람은 호구다. 언제든 운 나쁘면 당할 가능성 99%다. 여태껏 문제가 없었다고 앞으로도 문제가 없을까? 그럴 가능성이 높다. 그러나 투자를 하자면 이제는 이런 서류 정도는 눈 감고도 알 수 있어야 한다.

지금 당장 살고 있는 집의 등기사항전부증명서를 떼어서 표제부, 갑구, 을구에 어떤 내용이 있는지 확인해보자. 전세를 살고 있다면 부동산 등기사항전부증명서에 나와 있는 내용과 전세계약서에 있는 내용이 똑같은지 확인해보자. 만약 다르다면 부동산 중개업자나 집주인에게 연락해서 왜 다른지 확인해보는 게 좋다.

부동산 등기사항전부증명서를 볼 줄 모르면서 중개수수료를 아끼겠다고 직거래로 임대계약을 하는 건 전형적인 바보짓이다. 알면 상관없지만 모르면 무슨 문제가 있는지도 모르고 계약을 하는 것이니 자기 돈을 그냥 버리는 것과 똑같다. 특히 세상 물정 모르고 막 사회에 나온 대학생이나 직장 초년생의 경우 이런 경우가 많은데 당하고 나면 끝이다. 자신의 잘못이니 하소연할 곳도, 도움받을 곳도 없다. 세상은 우리가 알고 있는 것보다 훨씬 냉정하다.

원룸을 임대해 사는 사람들은 훨씬 더 위험할 수도 있다. 특히 옥탑방이 혼자 쓸 수 있어서 좋다고 하지만 적지 않은 곳이 불법으로 건축된 경우다. 이런 불법적인 요소가 있는지를 확인하는 서류가 시청 및 군·구청에서 관리하는 건축물대장이다. 중개업소에서 거래를 하는 경우 이런 요소들을 확인해서 중개대상물 확인설명서에 기록하게 되어 있다. 만약 제대로 확인하지 않고 거래를 알선해서 문제가 생길 경우 해당 중개업소가 책임지게 되어 있다. 직거래를 했다면 그 책임은 오롯이 임차인 스스로 져야 하고 해결해야 한다.

무식한 건 자랑이 아니다. 부동산 거래할 때 필수적으로 파악해야할 서류를 제대로 확인할 능력이 없다면 직거래를 해서는 안 된다. 직거래는 아는 사람에게는 편리하고 비용을 절약할 수 있는 좋은 방법이지만 모르는 사람에게는 문제가 될 수 있다.

부동산 등기사항전부증명서는 집주소만 알면 '대법원 인터넷등기소'에서 회원가입 없이 700원의 수수료로 확인할 수 있다. 건축물대장과 토지대장은 '민원24'에서 회원가입 후 확인할 수 있다. 이제부터라도 부동산은 관련 서류 확인을 습관화하는 게 좋다. 투자자라면 부동산 서류에 익숙해져야 한다. 그게 투자의 첫걸음이다.

부동산 등기사항전부증명서, 건축물대장, 토지대장은

경매와 상관없이 부동산의 소유권과

관리의 효율성을 위해 이미 만들어져 있는 서류다.

따라서 부동산을 거래하고자 하는 사람은

경매든 일반매매든 이 3가지 서류를 반드시 알아야 한다.

부동산 경매 용어
짚고 넘어가기

부동산 경매는 법원에서 진행하는 법적 절차다. 따라서 대부분 평소에 들어보지 못한 생소한 용어들을 많이 사용하는데 의외로 용어를 알아듣지 못해 좌절하는 사람들이 많다. 따라서 기본적으로 많이 사용하는 관련 용어들을 정리해보았다. 이 정도의 용어만 알아듣고 이해할 수 있어도 부동산 경매의 50%는 완성된 것이라고 볼 수 있다. 시작이 반이니까! 경우에 따라서는 이 부분을 읽으면서 학생 때 영어 공부하겠다며 호기롭게 영영사전을 펼치던 기억이 떠오를 수도 있다. 읽을수록 이해가 안 되는 용어가 더 늘어나는 마법이 일어나니 말이다. 하지만 크게 걱정할 필요는 없다. 처음 공부하는 사람이라면 대부분 똑같은 경험을 하게 된다. 몰라도 일단 한 번은 다 읽어 내려가도록 하자. 당장 습득하지 못하더라도 시간이 날 때마다 여러 번 읽어서 용어 자체에 익숙해지는 게 최선이다. 이후 이 용어들을 실제 물건을 보면서 접하게 되면 그때는 진짜 편하게 읽히고 이해할 수 있게 될 것이다. 학생 때처럼 바로 사전을 덮어버리지만 않으면 된다. 몰라도 마음을 편히 먹고 그냥 읽어보자.

경매 부동산과
관련된 용어

1) 물건번호
하나의 경매사건에서 2개 이상의 부동산을 개별로 매각하는 경우 이들 물건을 구분하기 위해 매각되는 부동산별로 붙인 번호

2) 일괄경매
하나의 경매사건에 대해 2개 이상의 부동산이 매각될 경우 이를 하나씩 개별로 매각하지 않고 전체를 하나로 묶어서 일괄로 매각하는 경매방식

3) 분할경매
하나의 경매사건에 대해 2개 이상의 부동산이 매각될 때 이를 법원의

재량 혹은 신청채권자의 신청이 정당하다고 판단되는 경우 부동산별로 각각 매각하는 경매방식

4) 신건

매각기일에 최초로 입찰이 실시되는 경매 물건

5) 입찰

경매 부동산을 매수하기 위해 가격을 적은 입찰표를 제출하는 것

6) 유찰

경매를 진행하는 데 있어 응찰자가 없어 낙찰되지 못하고, 다음 매각기일로 매각이 넘어가는 경우를 말한다. 법원별로 최초 매각가격 대비 20~30%씩 저감되어 진행된다.

7) 낙찰

경매 대상 부동산에 적법한 응찰자가 입찰해 매수를 신고하고, 최고가 매수신고인으로 선정되는 것

8) 재매각

낙찰받은 최고가 매수신고인이 잔금을 납부하지 않아 법원의 직권으로 다시 경매를 진행하는 경우를 말하며, 법원의 판단에 따라 입찰보증금을 20%로 올릴 수도 있다.

9) 특별매각조건

필요하다고 판단될 경우 법원 직권으로 특별한 조건을 붙여 매각을 실시하는 것을 말한다. 입찰보증금을 20%로 하거나, 농지를 취득하는 데 필요한 농지취득자격증명을 최고가 매수인이 제출하지 않으면 매각이 불허가되는 조건 및 법정지상권 성립 여지가 있는 물건을 경매 진행하는 경우 등의 별도 조건을 붙이는 것이다.

10) 제시 외 물건

경매 대상 부동산과 밀접한 관련이 있으나 미등기 상태이고, 감정평가가 곤란해 경매 목적 대상에 포함하지 않고, 경매로 인한 소유권이 이전되지 않는 부동산

11) 촉탁등기

법원 등의 공공기관이 등기권리자 측의 새로운 매수인을 위해 등기소에 등기를 하도록 요청하는 등기행위

12) 대위변제

이해관계가 있는 제3자가 자신의 이익을 위해 채무자 혹은 채권자의 의사와 관계없이 채무를 변제하는 경우를 말하며, 채권자가 대위변제를 하는 경우는 대부분 자신의 순위를 올리기 위한 것이 많다.

부동산 권리와 관련된 용어

1) 가등기

물권의 설정이나 소유권의 이전, 변경, 소멸의 청구권 등을 보전하기 위한 등기다. 부동산의 이중매매나 강제집행으로 발생할 수도 있는 위험요소를 사전에 차단하고, 추후 자신에게 안전하게 소유권이 이전될 수 있도록 하기 위해 실시하는 등기로, 순위 보전의 효과가 있는 소유권이전 청구권 보전 가등기와 금전소비대차를 원인으로 하는 담보 가등기가 있다.

2) 가압류

금전채권 등의 회수를 위해 소송을 제기하고, 강제집행을 하고자 할 때 소송기간 동안 채무자가 재산을 처분 혹은 은닉하지 못하도록 하는 보전수단의 방법

3) 가처분

소유물 반환, 임차물 인도 등과 같이 특정물에 대한 청구권을 가지는 채권자가 향후의 집행을 위한 보전행위를 하기 위해 목적물을 현재 상황으로 유지하려고 미리 해두는 보전 처분

4) 대항력

제3자에 대해 자신의 권리를 주장할 수 있는 요건을 갖추는 것

5) 담보물권

목적물에 대한 담보 제공 역할을 하는 것으로 저당권, 유치권, 질권 등 여러 물권이 있다.

6) 물권과 채권

물권은 특정 목적물을 직접적·배타적으로 지배해 이익을 얻을 수 있는 절대적 권리를 가지며, 채권은 채무자에게 특정 급부를 청구할 수 있는 청구권이다. 물권 사이에서는 접수한 시간 순서에 의해 우선순위가 결정되고, 채권은 시간 순서와 상관없이 동일하게 취급되어 배당 시 채권금액의 비율에 따라 안분 배당된다.

7) 법정지상권

토지와 그 지상의 건물이 같은 사람에게 속했다가 어떤 사정으로 그 토지와 건물의 소유자가 달라지게 된 경우 건물 소유자가 그 건물의 소유를 위해 정당하게 토지를 이용할 수 있는 권리

8) 근저당

계속적인 거래관계에서 발생하는 다수의 채권에 대해 미리 한도를 정하고, 그 범위 안에서 장래의 결산기에 확정된 채권을 담보하려고 하

는 저당권으로, 통상 은행 등에서 돈을 대여한 후 그 담보를 위해 채무자의 부동산에 등기를 한다.

9) 예고등기

현재 실행된 등기 원인의 무효 또는 취소가 소송 중인 경우 이러한 소송이 제기되었다는 사실을 알리고, 선의의 피해를 막기 위해 하는 예비등기로, 제3자에게 경고하기 위한 등기

10) 용익물권

특정 물건을 사용하기 위한 물권, 전세권, 지상권, 지역권 등을 말한다.

11) 압류

채무자가 공공기관 등의 조세를 체납할 경우 체납자의 재산 처분을 금지하고 보전하는 것으로, 체납자가 미납한 채권을 회수하기 위한 경매(공매)를 시행하고자 미리 체납자의 재산을 확보해두는 것이다.

부동산 경매절차와 관련된 용어

1) 매각기일

집행법원이 경매 대상 부동산에 대해 경매를 실시하는 일자를 말한

다. 매각기일은 최고가 매수신고인이 선정될 때까지 계속 지정된다.

2) 매각허가결정기일

최고가 매수신고인에 대해 낙찰허가 여부를 결정하는 날로 통상 매각
기일로부터 7일 이내에 결정한다.

3) 매각허가결정 확정기일

매각허가결정이 된 후 이해관계인의 항고가 있을 경우를 고려해 일주
일의 기간을 두게 되는데 이 기간 내에 항고가 없으면 매각허가결정
이 확정된다.

4) 감정평가금액

경매 대상 부동산의 매각을 위한 기준가격을 세우기 위해 감정평가기
관에 의뢰해 부동산의 적정 매각가격을 평가한 금액

5) 농지취득자격증명

낙찰된 토지가 농지(논, 밭)인 경우 매각결정기일 이전까지 토지가 속
하는 지역의 시·군·구·면사무소 산업계에서 발급받는 농지취득을
위한 증빙서류

6) 명도

경매 대상 부동산의 점유자(소유자 혹은 임차인)를 퇴거시키는 것

7) 인도명령

경매 대상 부동산의 점유자 중 새로운 매수인에게 대항력이 없는 점유자를 퇴거시키기 위해 법원에 신청해 얻는 권리

8) 우선변제권

대항요건(점유+전입신고)을 갖추고 확정일자를 받은 임차인의 임차주택이 경매로 매각되는 경우, 후순위 권리자 및 기타 채권자에 우선해 보증금을 변제받을 수 있는 권리

9) 상계

채권자와 채무자가 서로 같은 종류의 채권·채무를 가지고 있는 경우, 그 채권과 채무의 같은 액수를 실제 지불 없이 서류상으로 교환해 없애는 것

10) 선순위 임차인

1순위 저당권자보다 앞서 있는 임차인을 말하며 새로운 매수인은 선순위 임차인의 보증금액을 인수해야 한다.

11) 항고

법원의 결정이나 명령에 불복하는 행위로 부동산 경매 절차에서 항고를 하고자 하는 이해관계인은 매각대금의 1/10에 해당하는 금액을 법원에 공탁하고, 항고를 진행해야 한다.

12) 최고

법률상 일정한 효과 혹은 결과를 보기 위해 상대방에게 이행을 촉구하는 행위

13) 최저매각가격

경매 응찰자가 입찰금액을 산정할 때 기준이 되는 최저금액이며, 최저매각가격 이상을 쓴 사람 중 가장 높은 금액을 써낸 사람이 최고가 매수신고인이 된다.

부동산 경매일정과
관련된 용어

1) 정지

이미 실행 혹은 집행된 부분은 제외하고, 향후의 절차만을 일시적으로 정지시키는 행위로 통상 채권자 혹은 이해관계인이 신청한다.

2) 변경

경매절차를 진행하는 도중에 새로운 사항이 추가되거나 매각조건이 바뀜에 따라, 권리가 변동되어 지정된 매각기일에 경매를 실시하기 어려운 경우 집행법원 직권으로 기일을 변경하는 행위

3) 연기

채무자, 소유자 및 이해관계인의 신청과 채권자의 동의하에 지정된 매각기일을 뒤로 연기하는 것

4) 취하

경매신청 후 경매의 원인이 된 채권을 변제하거나 채권자와 채무자가 채권에 대해 합의된 경우에 경매신청권자가 경매신청 행위를 철회하는 것

5) 취소

채무의 변제 또는 경매 원인의 소멸 등으로 법원이 경매개시결정을 취소하는 것

6) 각하

집행법원이 접수한 각종 신청에 대해 절차나 형식이 적법하지 않은 이유를 들어 이를 받아들이지 않는 것

7) 기각

신청내용이 이유 없다고 법원이 판단해 그 신청 자체를 받아들이지 않는 것

잡소리

부동산 경매 용어 꼭 알아야 할까?

부동산 경매 용어는 시간이 나는 대로 따로 정리해서 틈날 때마다 공부하는 게 좋다. 해당 용어가 무슨 의미인지를 이해하지 못하면 경매 투자에 심각한 문제가 생긴다. '후순위 임차인이 대위변제를 했다'라는 말의 의미를 모르면 낙찰자인 최고가 매수신고인은 엄청난 손해를 떠안을 수도 있다. 무슨 말인지 이해를 못하는데 어떻게 대처하겠는가? 용어를 모르면 앉아서 당할 수밖에 없다. 경매는 쉽지만 용어는 어렵다. 경매 용어가 말하는 바를 정확히 이해할 수 있을 때까지 익히고 또 익혀야 한다.

예를 들어보겠다. 대위변제란 말소기준권리보다 후순위인 임차인이 자기보다 앞서 있는 말소기준권리인 근저당 금액을 대신 갚은 뒤 선순위 자리를 차지하는 것을 말한다. 보통 대위변제는 말소기준권리보다 늦은 임차인 중 전입신고만 하고 확정일자를 받지 않아 배당에 참여할 수 없는 임차인이 종종 취하는 행동이다. 대위변제를 해서 선순위 임차인이 되면 배당에 참여하지는 못하지만 선순위 임차인이 되었기 때문에 낙찰자는 이를 인수해서 보증금을 다 물어줘야 한다. 따라서 임차인으로서는 대위변제가 최선의 선택이 될 수 있다.

대위변제는 최고가 매수신고인이 잔금을 내기 전까지 할 수 있는데 무슨 의미인지 모르고 덜컥 잔금을 내버리면 투자자는 경매로 돈을 벌기는커녕 자기 돈으로 사회 봉사하는 꼴이 된다. 설마 그렇게 재수 없을 리가 있냐고 생각할지 모르지만 사람 일은 모르는 법이다.

미리 경매 용어를 공부하는 게 힘들다면 모르는 용어가 나올 때마다 찾아보기라도 해야 한다. 관심을 가지던 부동산에 새로운 문구가 추가되었는데 별 신경을 안 쓰면 그 하나 때문에 투자는 망할 수도 있다. 돈 벌자고 시작한 경매인데 인생 한 방에 날아갈 수야

없지 않은가. 재수가 없으면 뒤로 넘어져도 코가 깨진다는데 그 일이 자신에게 닥치지 않으리란 보장도 없다. 투자의 위험은 주로 괜찮을 거라고 방심하는 순간 발생한다. 수시로 경매 용어를 찾아보고 공부하는 게 좋다.

용어를 모르면 앉아서 당할 수밖에 없다.

경매는 쉽지만 용어는 어렵다.

경매 용어가 말하는 바를

정확히 이해할 수 있을 때까지

익히고 또 익혀야 한다.

부동산 경매
진행절차 이해하기

부동산 경매의 진행절차를 아는 것과 경매 투자로 좋은 결과를 얻는 것은 별개의 문제지만, 절차를 모르면 부동산 경매의 전체 흐름을 알 수가 없다. 그러면 정확한 상황 판단을 할 수가 없어 적절한 결정을 내릴 수도 없다. 부동산 경매에서 벌어지는 많은 문제가 바로 적절한 판단과 결정을 내리지 못할 때 발생하게 된다. 부동산 경매의 원칙을 제대로 알지 못하면 제대로 된 투자를 할 수 없으니 권리분석보다 먼저 익혀야 하는 것이 바로 부동산 경매의 절차다.

부동산 경매의 절차를 모르고 경매 투자를 하는 건 야구선수가 각 베이스를 밟고 홈에 들어와야 점수가 인정된다는 규칙을 모르고 경기에 나서는 것과 같다. 아무리 홈런을 쳐도 소용이 없는 것이다. 권리분석은 기술이고 경매절차는 규칙이다. 초기에 운 좋게 일이 해결되어 수익을 냈더라도 부동산 경매절차를 제대로 알지 못하면 투자 결과에 대한 피드백이 어렵다. 피드백이 되지 않으면 성공한 투자가 경험으로 쌓이지 않고 그만큼 투자실력이 향상되는 게 더딜 수밖에 없다. 먼저 부동산 경매의 절차와 원칙을 정확히 숙지하는 것이 처음엔 늦더라도 결국은 빠른 길이 된다. 그러니 반드시 경매절차에 익숙해지도록 해야 한다. 다음 도식은 경매가 진행되는 전체 과정을 정리한 것이다. 이제 각 절차에 대한 내용을 알아보겠다.

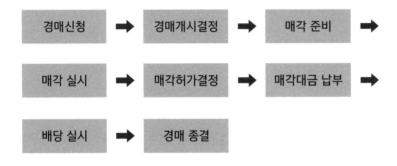

경매신청

받을 돈이 있는 채권자가 경매를 신청할 수 있는 근거 서류(집행권원)를 가지고 부동산 소재지 관할 법원에 경매신청서를 제출하면 된다. 이때 경매신청자는 경매 진행 비용을 미리 납부(예납)해야 한다. 비용은 경매 대상 부동산의 개별공시지가 혹은 시가표준액을 기준으로 하는데 1억 원인 경우 190만 원 안팎, 2억 원인 경우 240만 원 안팎의 금액을 예납하게 된다.

경매개시결정

경매신청이 접수되면 해당 법원은 그 신청이 정당할 경우 신청일로부터 2일 이내에 직권으로 경매개시결정을 내린 뒤 역시 직권으로 등기관에게 경매 물건의 압류를 부동산 등기사항전부증명서에 기입(등기촉탁)하게 한다. 이때 등기사항전부증명서에는 집행권원의 종류에 따라 임의경매개시결정(근저당권 등) 혹은 강제경매개시결정(판결문 등)으로 나뉘어 등기된다.

매각 준비

1) 배당요구 종기일 공고

법원은 경매개시결정이 기입 등기된 날로부터 1주일 이내에 배당요구를 할 수 있는 기한(종기일)을 정한다. 이때 경매개시결정의 내용과 배당요구의 종기(2개월 이상 3개월 이하)를 공고한다.

2) 채권신고의 최고

채무자로부터 받을 돈이 있는 이해관계인은 정당한 관련 서류와 함께 배당요구의 종기일 이전까지 채권액을 신고해야 한다. 법원이 채권을 신고하도록 안내(최고)하는 대상은 첫 경매개시결정등기 전에 부동산 등기사항전부증명서에 등기된 채권자 및 담보권자 등이다.

3) 공과금 관련 기관에 대한 최고

법원은 조세 및 공과금 등을 관리하는 각 공공기관에 채권의 유무, 그 원인 및 금액을 배당요구의 종기일까지 법원에 신고하도록 최고한다.

4) 집행관의 현황조사

법원은 경매개시결정을 한 뒤 즉시 집행관에게 부동산의 현황조사를 하도록 명령한다. 현황조사 시에는 부동산의 현황, 점유관계, 보증금 및 차임 등의 내용을 기록하게 된다. 집행관은 조사내용을 토대로 현황조사보고서를 작성해 제출해야 한다.

5) 감정평가 명령

법원은 경매개시결정 기입 등기가 된 후 3일 이내에 감정평가 명령을 내려 감정평가사가 해당 부동산을 평가하도록 한다. 평가 명령을 받은 감정평가사는 2주 이내에 감정평가서를 법원에 제출해야 한다. 법원은 감정평가서를 참조해 최저매각가격을 정한다.

6) 매각물건명세서 작성

법원은 현황조사서와 별도로 경매 대상 부동산에 대한 매각물건명세서를 작성한다. 매각물건명세서에는 부동산의 표시, 점유자 및 그 권원, 점유기간, 보증금 및 차임, 경매 매각으로 효력을 잃지 않는 권리 또는 가처분 등 해당 부동산에 관한 권리 등이 기록된다.

7) 매각기일 및 매각결정기일의 지정, 공고

법원은 감정평가서를 참조해 정한 최저매각가격으로 매각을 하는 매각기일과 매각결정기일을 정해 이해관계인에게 통지하고 공고한다. 매각기일은 해당 부동산의 입찰을 실시하는 당일을 의미하며 당일 낙찰이 되면 이후 일주일간 매각절차에 문제가 없었는지를 살핀다. 이후 문제가 발견되지 않으면 매각결정기일에 최종적으로 매각을 허가하게 된다.

매각 실시

법원은 매각기일에 부동산의 입찰을 실시하고 부동산별로 가장 높은 금액으로 입찰한 자를 최고가 매수신고인으로 선정한 후 매각을 종료한다. 입찰표, 입찰봉투 및 공동입찰 등의 필요서류는 집행법원의 매각장소에 비치해 제공한다.

  입찰자는 입찰표에 인적사항을 적고, 보증금(최저가격의 10%) 및 입찰가격을 적은 뒤 본인의 도장을 찍어 제출한다. 입찰봉투는 보증금용 소봉투와, 입찰표 및 보증금 봉투를 넣는 대봉투 등 2개로 되어 있다. 입찰의 마감 및 개찰 시 최고가 매수신고인 외에는 보증금을 반환한다. 모든 부동산의 개찰을 마감한 뒤 매각기일을 종결한다.

1) 입찰시간

입찰시간은 집행법원마다 조금씩 다른데 통상적으로 오전 10시에 시작해 11시에서 12시 사이에 입찰을 마감한다. 집행관은 입찰 주의사항 및 당일 경매사건의 변동 여부에 대해 먼저 고지를 하는데, 약 10분간 집행관의 고지가 끝나면 바로 입찰이 시작된다.

2) 투찰

입찰표 작성과 보증금 준비가 다 되면 마감시간 내에 법대 앞으로 가서 입찰표를 제출한다. 이때 입찰표, 그리고 보증금 봉투를 넣은 대봉투와 함께 신분증을 법대 앞의 집행관에게 제출하면 신분증을 확인한 후 투찰했다는 입찰자용 수취증을 대봉투에서 절취해 돌려주고, 나머지 대봉투를 입찰함에 넣으면 투찰이 마무리된다.

3) 개찰

입찰시간이 마감된 후에는 투찰한 입찰표를 집행관들이 물건별로 잠시 정리한 후에 바로 물건번호 혹은 물건 종류별로 개찰을 시작하게 된다.

4) 최고가 매수신고인

입찰을 마감하고 개찰한 결과 물건별로 가장 높은 가격으로 입찰에 참여한 자를 집행법원에서 최고가 매수신고인으로 결정한다.

5) 차순위 매수신고인

집행관은 최고가 매수신고인 외에 다른 입찰자들에게 차순위 매수신고를 최고한다. 이때 차순위신고를 원하는 자는 즉시 그 의사표시를 해야 하며, 그 입찰가격이 최고가 매수신고인의 금액과 10% 이내의 차이여야 차순위신고가 가능하다.

6) 매각기일의 종료

집행관은 최고가 매수신고인 및 차순위 매수신고인의 신분증을 확인한 후 매각보증금 영수증을 교부하고, 그 외의 입찰자에게 입찰보증금을 반환한다. 그리고 해당 물건의 경매를 종료한다.

매각허가결정

1) 매각결정기일

매각결정기일은 집행법원이 매각기일 종료 후 7일 이내의 기간을 두고, 매각의 허가 또는 불허가를 결정하는 기간이다. 이때 집행법원은 진행한 경매의 절차 및 최고가 매수신고인의 선정에 흠결이 있는지를 검토하고, 매각결정에 대해 이의가 있는 이해관계인의 항고가 있는지를 확인한다. 경매 진행절차에 하자가 없고, 이해관계인의 항고 등이 없으면 집행법원은 7일 후 매각허가를 결정하게 된다.

2) 매각불허가

매각기일 후 매각허가가 결정되기까지의 기간에 경매 진행절차에 문제가 있음이 밝혀지게 되거나 경매 대상 부동산에서 현황조사 당시 발견되지 않았던 흠결이 새로이 밝혀지는 경우 집행법원은 사안의 경중을 따져 매각허부에 대한 결정을 내린다. 매각불허가 결정이 되면 흠결을 보완하고, 새 매각기일을 정해 매각절차를 다시 진행한다.

매각불허가의 주요 사유로는 매수신청 금지자나 입찰에 참여할 수 없는 자가 최고가 매수인으로 선정되거나, 무잉여 혹은 과잉여의 문제 및 매각물건명세서상의 중대한 흠결 등이 발견되는 경우, 또는 소유자에 대한 경매개시결정 통지가 송달되지 않은 경우와 경매집행정지결정 정본이 제출된 경우 등이다.

3) 매각허가결정 확정

매각허가가 결정되면 다시 7일 이내의 기간으로 두어 이해관계인이 항고할 수 있는 시간을 주고, 이 기간 동안 아무 항고가 없는 경우에는 매각허가결정을 확정한 뒤 일정 기간(1개월) 내로 잔금의 납부기한을 정해 최고가 매수신고인에게 통지해 잔금을 납부하도록 한다.

매각대금 납부

1) 매각대금 납부

최고가 매수신고인은 매각허가결정이 확정된 다음 날부터 잔금 납부 기한으로 정해진 기한 안에 보증금을 제외한 나머지 잔금 납부명령서를 집행법원에서 발급받아서 은행에 납부해야 한다. 잔금 납부기한이 지난 뒤 납부하는 경우에는 이에 대한 지연이자를 연 15% 기준으로 추가 납부해야 하므로 주의해야 한다. 최고가 매수신고인이 매각대금을 완납한 뒤에는 소유권이전 촉탁등기를 하지 않아도 해당 부동산의 소유권을 취득한다.

2) 매각대금 납부절차

매각대금을 납부하려면 경매를 집행한 법원의 해당 경매계에 가서 법원보관금 납부서를 발급받은 뒤 납부서와 함께 잔대금을 법원 구내 은행에 납부하고 나서 납부 영수증을 다시 해당 경매계에 제출하면 된다. 잔대금 납부 영수증을 제출하면 경매계에서 매각대금 완납증명서를 발급해준다.

3) 매각 관련 기타 내용

최고가 매수신고인이 잔대금을 미납할 경우 법원은 차순위 매수신고인에게 통보해 매각절차를 진행하게 되는데, 차순위 매수신고인이 없는 경우에는 재매각기일을 정해 재매각절차를 실시한다. 원칙적으로 최고가 매수인이 잔대금을 납부하기 전까지는 경매를 취하할 수 있다. 이때 최고가 매수신고인이 있는 경우는 경매취하동의서를 최고가 매수신고인으로부터 받아 함께 제출해야 한다.

배당 실시

최고가 매수신고인이 매각대금을 납입하면 법원은 1개월 이내에 배당기일을 정해 채권자들의 채권액에 대해 변제하게 된다. 매각대금이 채권자의 채권을 모두 충족하면 집행법원은 변제하고 남은 잉여금을 원 소유주에게 교부한다. 다만 배당에 참여한 채권자의 모든 채권액을 충족하지 못하는 경우 집행법원은 「민법」 및 「민사집행법」 등의 규정에서 미리 정한 순위에 따라 배당을 진행한다.

1) 배당 순위
최고가 매수신고인이 납부한 보증금 및 잔대금은 해당 경매 부동산과 관련된 채권자들에게 아래와 같은 순서로 나눠주게 된다.

    ① 0순위: 경매 집행 비용과 부동산의 점유자가 목적물을 관리·
       보존하는 데 지출한 비용인 비용상환청구채권액
    ② 1순위: 소액임차인의 최우선변제금과 임금채권 중 일정액
    ③ 2순위: 경매 대상 부동산에 발생하는 조세인 당해세

- 국세: 상속세, 증여세, 재평가세
- 지방세: 재산세, 종합토지세의 본세, 자동차세, 도시계획세
  등과 그 가산금

④ 3순위: 담보물권(저당권, 전세권, 담보가등기)과 임차보증금(우
선변제 보증금)

⑤ 4순위: 임금채권(최우선변제 임금채권을 제외한 임금채권)

⑥ 5순위: 당해세를 제외한 국세와 지방세

⑦ 6순위: 보험료와 공과금

⑧ 7순위: 일반채권(가압류 등)

2) 배당표

집행법원은 채권자 및 채무자를 위해 배당기일 3일 전까지 배당표를
작성해 법원에 비치해야 하며 배당지급기일에 출석한 이해관계인과
배당을 요구한 채권자를 대상으로 배당표를 확정한 후에 배당액을 지
급한다.

배당표에는 매각대금, 채권자별 채권의 원금, 이자, 비용, 배당의 순
위와 배당의 비율이 기재되어야 하며, 출석한 이해관계인과 배당을
요구한 채권자가 동의한 경우에는 이에 따라 배당표를 확정한다.

3) 배당 관련 기타

배당에 소요되는 금액은 매각대금 외에도 여러 가지가 있다. 먼저 최
고가 매수신고인이 매각대금을 지연 납부한 경우 그 지연이자도 배당

에 포함된다. 또한 채무자 및 소유자 등 이해관계인의 일정 금액을 공탁한 뒤 항고했는데 기각되어 몰취한 공탁금 및 그 이자도 배당에 소요된다. 그 외에 이전 경매에서 최고가 매수신고인으로 선정된 사람이 잔대금을 미납한 경우 해당 최고가 매수신고인의 보증금도 배당에 사용된다.

배당에 소요되는 전체 금액과 배당순서가 확정된 뒤 배당표 작성이 완료되면 이에 따른 배당을 실시하게 되는데 채권 전부를 배당받는 채권자에게는 배당액 지급증을 교부한다. 이때 채권자는 채권자의 집행정본 혹은 채권증서를 함께 제출해야 한다.

채권 일부만 배당을 받는 채권자는 집행정본 혹은 채권증서를 제출하고 여기에 배당받은 금액을 적어서 돌려받게 된다. 그리고 배당액 지급증을 교부받으면서 받은 금액에 대한 영수증을 써서 제출한다.

배당액 지급증을 교부받은 채권자는 법원 구내은행에서 배당액 지급증을 제시하고 배당액을 지급받는다.

4) 배당이의

기일에 출석한 채무자는 채권자의 채권 또는 그 순위에 대해 이의를 제기할 수 있다. 이때 채무자는 법원에 배당표원안이 비치된 이후 배당기일이 끝나기 전까지 채권자의 채권 또는 그 채권의 순위에 대해서면으로 이의를 제기하게 된다.

기일에 출석한 채권자는 자신의 채권과 관련된 범위 안에서 다른 채권자의 채권 및 그 순위에 대해서 이의를 제기할 수 있다. 하지만 이의를 제기하지 않은 경우 확정된 배당표에 대해서는 어떤 이의도 불가능하다.

5) 배당이의의 소

집행정본 혹은 채권증서를 지니지 않은 채권자에 대해 이의를 제기한 채무자와 다른 채권자에게 이의를 제기한 채권자는 배당이의의 소를 제기해야 한다. 집행정본 혹은 채권증서를 가진 채권자에 대해 이의를 제기한 채무자는 청구이의의 소를 제기하여야 한다. 이의를 제기한 채권자나 채무자가 배당기일로부터 1주일 이내에 집행법원에 배당이의의 소 혹은 청구이의의 소를 제기한 사실을 증빙하는 서류를 제출하지 않는 경우는 이의가 취하된 것으로 본다.

경매 종결

모든 경매절차가 마무리되면 해당 부동산에 대한 경매집행을 종결하게 된다.

잡소리

부동산 경매 진행절차는 알아두면 좋다

부동산 경매 진행절차는 경매에 나온 부동산이 처리되는 전 과정을 나타낸다. 투자자는 물론 전체 과정을 알아두면 좋다. 그러나 처음 시작하는 사람은 전체의 과정을 애써 다 외우려고 할 필요는 없다. 꾸준히 경매를 하다 보면 알기 싫어도 저절로 알게 되는 게 진행절차다.

처음 공부하는 사람은 전체 과정을 한두 번 읽어보는 정도로 충분하다. 시간이 남아 더 공부하고 싶은 사람이라면 각 과정에서 벌어지는 예외사항에 대해 좀 더 깊이 있게 알아보는 것도 좋다. 매각 불허가가 나오는 이유, 경매가 취소 혹은 취하되는 이유 등과 같이 투자자를 허무하게 만드는 것들과 경매의 진행을 더디게 하는 이유 등은 추가로 공부해두면 도움이 된다.

한 예로 부동산이 낙찰된 뒤 채무자가 경매를 취소하려면 원칙적으로 낙찰자의 취하동의서가 필요하다. 낙찰자가 동의해주지 않아도 취소시킬 수는 있지만 행정절차가 귀찮고 시간도 걸리기 때문에 대부분은 소정의 비용을 낙찰자에게 지불하고 취하동의서를 받는다. 이때 어차피 취하될 거라는 사실을 알면 일부 비용이라도 받고 취하해주는 게 효율적이다. 하지만 잘 모르는 경우 비용을 많이 달라고 우기다가 취하될 때까지 보증금이 묶여서 난감한 경우가 생길 수도 있다. 채무자의 취하 요청이 들어오면 결론이 날 때까지 낙찰자의 보증금도 동결되기 때문이다.

절차적 진행과정을 잘 알면 이득을 볼 가능성이 많은 게 경매다. 또 손해를 보더라도 손해를 최소화할 수 있다. 적어도 부동산 경매에서만은 모르는 게 약이 아니라 아는 게 힘이다.

부동산 경매 정보
제대로 수집하기

경매가 실시되는 부동산은 최초 매각기일 14일 전부터 '대한민국 법원 법원경매정보(www.courtauction.go.kr)' 사이트의 '경매공고' 페이지에 게시되므로 누구나 필요에 따라 무료로 물건을 검색하고 찾아볼 수 있다. 다만 법원에서 공고하는 경매 물건은 부동산 등기사항전부증명서 등의 추가정보가 함께 게재되지 않으므로 투자자가 직접 찾아봐야 한다. 또한 해당 부동산을 매수함에 따라 말소 혹은 인수되는 권리관계에 대해서도 법원 게재 정보로는 알 수가 없어 부동산의 매수를 결정하기에는 한계가 있다.

따라서 대부분의 투자자들은 법원경매정보 사이트의 불충분한 내

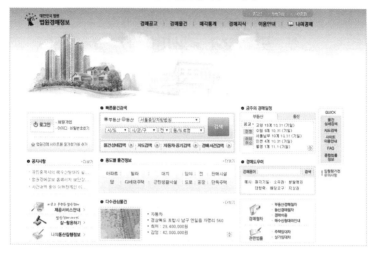

용을 보완해서 유료로 제공하는 사설 부동산 경매 정보사이트를 이용하게 된다. 사설 부동산 경매 정보사이트는 법원경매정보의 내용을 기본으로 해서 부동산 등기사항전부증명서 등의 정보를 추가해 제공하고 이용자로부터 일정 금액의 이용료를 받는다.

경매 부동산을 매수하기 위한 정보를 확인하기 위해 돈부터 지출해야 하는 셈이다. 그러나 어차피 개인적으로 검색을 하고 자료를 찾더라도 추가 비용이 발생하니 유료로 부동산 경매 정보사이트를 이용해야 하는 것에 크게 거부감을 가질 필요는 없다.

그럼에도 불구하고 처음이라 이용료가 부담스럽다면 경매 정보 등을 공유하는 인터넷 카페에 가입해서 유료 정보를 여럿이 공동으로 이용하는 프로그램을 활용해도 된다. 인터넷을 찾아보면 무료로 경매 정보를 제공하는 꽤 괜찮은 사설 부동산 경매 정보사이트도 있다.

● 부동산 경매 정보사이트별 이용료

사이트	1개월	3개월	6개월	1년
지지옥션 (ggi.co.kr)	13만 1천 원	35만 4천 원	63만 7천 원	114만 7천 원
굿옥션 (goodauction.com)	11만 9천 원	30만 2천 원	53만 4천 원	92만 6천 원
스피드옥션 (speedauction.co.kr)	8만 4천 원	21만 4천 원	37만 8천 원	65만 원

위 표는 경매 투자자들이 가장 많이 이용하는 사설 부동산 경매 정보사이트별 전국 이용료다. 비싸다고 무조건 좋은 것은 아니며 싸다고 해서 나쁜 것도 아니다. 그렇다고 비쌀 이유가 없다는 것은 아니다. 주거용을 주로 검색한다면 저렴한 사이트나 무료 사이트를 이용해도 충분하다. 반면 상대적으로 가격이 비싼 사이트는 법정지상권 등 특수물건에 대해 자료가 더 많이 축적되어 있는 편이다. 따라서 자신이 어떤 경매 부동산에 주로 투자할 것인지를 생각해보고 결정하면 된다. 처음 회원 가입을 하면 대개 하루는 무료 이용이 가능하니 비교해서 사용해보고 자신에게 맞는 것을 이용해보자.

잡소리

사설 부동산 경매 정보사이트에 대해서

경매에 나온 부동산은 흠집이 있는 부동산이다. 경매 투자자는 흠집이 있는 부동산 중 괜찮은 부동산을 찾아서 매수해야 하는 처지다. 당연히 관련 부동산에 관해 많은 정보를 알수록 좋다. 주거용에 투자한다면 이용료가 저렴한 정보사이트도 충분히 효과적이다. 하지만 법정지상권과 같은 특수물건에 투자한다면 상대적으로 정보의 깊이가 있는 지지옥션이 좋다.

그러나 지금 말하고자 하는 건 어느 사설 부동산 경매 정보사이트가 좋은가에 대한 문제가 아니다. 사설 부동산 경매 정보사이트를 반드시 이용해야 하는가에 관한 문제다. 부동산 경매를 처음 시작하는 사람 중 의외로 많은 사람이 유료 정보를 이용해야 한다는 사실에 놀라거나 당황한다. 그러면 나는 사람들이 놀라는 모습을 보고 놀란다.

그 사람들은 경매 정보를 법원에서 공짜로 제공하는 거라고 생각하고 있다가 유료로 봐야 한다니까 놀랐을 것이다. 거기에 더해 의외로 정보사이트의 이용료가 비싸서 또 놀란다. 처음엔 나도 그랬다. 의외로 사설 부동산 경매 정보사이트 이용료가 비싼 감이 있다. 하지만 달리 생각하면 찾아보기 힘든 자료를 보기 편하게 체계적으로 정리한 자료 덕분에 투자자는 시간을 절약할 수 있다. 세상에서 가장 귀한 건 돈이 아니라 시간이다. 그걸 안다면 지금의 이용료는 감당할 수 있는 수준이고, 생각에 따라서 꽤 저렴한 수준일 수도 있다. 물론 필자는 절대 정보사이트 관계자가 아니다. 관계자를 알고 싶기는 하다. 관계자를 알아서 싸게 이용할 수 있으면 좋으니까.

만약 전국의 물건을 다 볼 필요가 없다면 지역을 한정해서 볼 수도 있다. 그렇게 되면 이용료도 줄어든다. 또 기간도 원하는 대로 정할 수 있다. 얼마든지 조절해서 볼 수 있으니 유료로 사설 부동산 경매 정보사이트를 봐야 한다고 투덜대지 않아도 된다.

부동산은 투자의 덩치가 큰 편이고 투자에 성공하거나 실패했을 때 미치는 영향도 엄청나게 큰 편이다. 그런 부동산 중 일정 부분 흠을 가지고 있는 경매 부동산에 투자하는 데 길잡이 역할을 해주는 대가를 지불하는 게 아깝다면 차라리 경매를 안 하는 게 낫다.

솔직해지자. 사설 부동산 경매 정보사이트의 이용료가 비싸게 느껴지는 이유는 혹시나 하는 마음으로 부동산 경매를 하기 때문이다. 호기롭게 시작하긴 했지만 돈을 못 벌면 어쩌나 하는 마음이 있으니 조금이라도 더 비용을 절약하고 싶은 것이다. 그런 생각에 경매 정보를 공동으로 이용하고 더 싸면서 괜찮은 정보를 제공하는 곳이 있는지 궁금해 하는 것이다.

아쉽게도 그런 건 없다. 필자는 가장 비싼 이용료를 고수하는 곳을 이용한다. 그 업체의 누구도 알지 못하지만 몇 년째 그 사이트만 사용한다. 물론 어디에서 공짜로 괜찮은 정보를 제공하는지도 알고, 최근 어느 은행에서 적금을 들면 공짜로 경매 정보를 보게 해주는 서비스를 제공한다는 것도 안다. 그러나 사용하지 않는다. 사용할 생각도 없다. 검증되지 않았기 때문이다.

사설 부동산 경매 정보사이트의 정보를 잘못 보고 부동산을 매수해서 손해가 나는 것에 대해 어느 누구도 책임지지 않는다. 모두 매수자의 책임이다. 그러니 필자는 괜찮은 정보를 제공하는 곳이 있다고 하더라도 바꿀 생각은 없다. 부동산 경매에서 정보는 대단히 대단하고 굉장히 굉장한 위치를 가진다. 그 정보가 우리를 살릴 수도 죽일 수도 있다.

2장 부동산 경매 훑어보기

부동산 경매
투자과정 둘러보기

부동산 경매에 투자하는 것은 경매 전체 절차에서 살펴보면 극히 일부의 과정일 뿐이다. 하지만 투자과정을 제대로 숙지하고 있지 못하면 낭패를 당할 수도 있다. 부동산을 매수한 뒤에는 무엇을 해야 하는지, 또 어떤 과정을 거쳐서 완전히 자기 소유로 만드는지를 정확히 알아야 투자가 쉽다. 의외로 투자과정을 잘 알지 못하고 부동산 경매에 뛰어들어서 어려움을 겪는 사람이 많은 편이다. 이번 기회에 경매 투자의 전 과정을 돌아보고 숙지해서 투자하는 데 불편함을 겪지 않도록 하자.

가장 첫 번째 단계,
입찰 대상 검색하기

경매로 부동산을 사기 위해 가장 먼저 해야 하는 일은 어떤 부동산이 나와 있는지를 찾는 일이다. 사설 부동산 경매 정보사이트의 검색 기능을 이용해 원하는 지역, 부동산의 종류 및 가격대를 찾아보는 게 가장 첫 번째로 해야 할 일이다.

투자자를 힘들게 하는
권리분석

마음에 드는 매물을 찾았다면 그다음에는 권리분석을 해봐야 한다. 경매로 부동산을 사면 무조건 이전의 안 좋은 권리가 없어지는 줄 아는 사람도 있다. 하지만 「민사집행법」의 일정 기준에 의해 정해진 말소기준권리보다 뒤에 등기된 권리(후순위)만 말소될 뿐 앞선 권리(선순위)는 매수자가 인수해야 한다. 경매로 매수하는 부동산의 권리관계에 대한 책임은 매수자에게 있기에 권리분석을 제대로 하지 않으면 자칫 손해를 볼 수도 있으니 조심해야 한다.

권리분석에 대한 내용은 3장에서 자세히 다루도록 하고 여기에서는 간략히 설명하고 넘어가겠다. 사설 부동산 경매 정보사이트에서는 이용자의 편의를 위해 대부분 권리분석에 관한 내용도 제공하고 있

• 강남 아파트에 대한 권리분석 •

▸ 등기권리자 배당

등기권리	권리자	등기일자	채권액	등기배당액 배당총액	말소여부	비고
근저	통조림가공주협	2010-09-30	520,000,000	520,000,000	말소	말소기준등기
근저	우리은행	2014-10-13	720,000,000	495,713,343	말소	
근저	(주)앤에이디	2015-12-31	1,000,000,000	0	말소	
임의	우리은행	2018-06-20	0	0	말소	경매기입등기

권리관계수정

▸ 임차인배당

대항력	임차인	전입일 (사업등록)	임차금 월세포함	임차배당액 배당총액	인수	확정일	배당	형태
有	▓▓▓▓	2009-06-30	7,000,000 37,000,000	7,000,000	소멸		요구	영업
無	▓▓▓▓		4,000,000 24,000,000	0	소멸		요구	영업

소액임차금표　권리관계수정

출처: 지지옥션

다. 위 사진은 강남에 소재한 아파트에 대한 지지옥션의 권리분석 내용이다.

　권리분석은 투자자를 제일 심하게 괴롭히는 과정이지만 경매 투자를 시작했다면 피할 수 없는 절차이기도 하다. 그런데 권리분석은 잘 모르기 때문에 복잡해 보일 뿐이지 일정한 기준에 의해 규칙이 정해져 있다. 따라서 아무것도 모르는 사람도 일주일 정도만 공부하면 금세 익힐 수 있다. 일반적으로 사설 부동산 경매 정보사이트에서 권리분석을 제공해주니 잘 몰라도 된다고 생각하는 사람도 있을 수 있다. 하지만 자신의 소중한 돈을 투자하는 것이고 한 번의 실수로 큰 어려움을 겪게 될 수도 있으니 사이트에서 제공하는 내용이 맞는지 확인할 수 있을 정도의 실력은 갖추는 게 좋다. 게다가 알고 보면 의외로 크게 어려운 내용도 아니다.

부동산 투자자에게는
발품이 필수, 현장 임장

물건 검색과 권리관계를 체크해 문제가 없는 부동산임을 확인하면 그 다음으로 현장을 방문해서 실제 물건을 점검하는 과정을 거쳐야 한다. 이를 임장이라 하는데 임장은 가치 있는 부동산을 가치보다 싸게 살 수 있게 만드는 가장 강력한 힘이라고 할 수 있다.

임장 시 가장 먼저 해야 할 일은 시세를 확인하는 일이다. 해당 부동산과 유사한 일반 부동산의 매매시세와 임대시세를 각각 확인해봐야 한다. 무작정 현장에 가서 중개업소에 확인하려 하지 말고 먼저 인터넷으로 대략적인 시세를 확인하는 게 좋다. 또한 국세청 실거래가를 확인할 수 있는 아파트 등의 집합건물이면 실거래가도 꼭 확인해야 한다. 이후 현장 주변의 중개업소 몇 군데를 들러서 실제 거래되는 가격을 확인해야 하는데, 중개업소를 2~3군데 들러 각각 말하는 가격의 평균으로 시세를 이해하면 된다.

또한 해당 부동산을 방문해 가능하면 내부를 확인해보는 게 좋다. 내부 상태에 따라 수리비용이 어느 정도 나올지를 계산해서 입찰가격을 결정할 때 참고하도록 한다. 관리실이 있는 아파트나 오피스텔 또는 상가 등의 부동산이면 관리실에 들러 미납된 관리비 등도 확인해서 역시 입찰가격에 반영하는 것이 좋다.

입찰 결정을 할 때는
입찰가격을 신중히 고려하자

현장 방문을 마친 후에 마음에 들면 입찰 여부를 결정해야 할 차례다. 부동산이 가치가 있다고 판단한다면 과감히 최초 입찰일(매각기일)에 감정평가금액보다 높은 금액으로도 입찰하는 경우가 있다. 하지만 주택의 경우 한두 차례 유찰된 뒤에 매각되는 것이 대부분이다. 사설 경매 정보사이트에서는 해당 지역 및 유사 물건의 이전 매각 사례도 제공해주므로 과거의 매각가격 및 매각가율을 참고해서 자신의 입찰가격을 결정하는 것이 좋다.

• 강남 아파트 매각 사례 •

| 진행물건 | 예정물건 | 공매물건 |

» 同지역진행   » 同지역매각   » 同지번진행   » 同지번매각

2016-12190 (중앙6) [58평형]
용도	아파트
감정가	1,820,000,000
최저가	1,456,000,000
매각가	1,851,999,999 (101.8%)
매각일	2017/07/19 (응찰 : 17명) / 진행 : 2회 (유찰 : 1회)
총면적	토지:72.76㎡(22.01평) 건물:152.98㎡(46.28평)
서울 강남구 삼성동 14-1 ,-5 중앙하이츠빌리지 102동 12층 1204호 [학동로68길 30]

2014-19852 (중앙5) [58평형]
용도	아파트
감정가	1,580,000,000
최저가	1,264,000,000
매각가	1,555,990,000 (98.5%)
매각일	2015/03/17 (응찰 : 15명) / 진행 : 2회 (유찰 : 1회)
총면적	토지:72.76㎡(22.01평) 건물:152.98㎡(46.28평)
서울 강남구 삼성동 14-1 ,-5 중앙하이츠빌리지 101동 16층 1603호 [학동로68길 30]

출처: 지지옥션

소유권이전은
잔금을 납부하자

입찰에 참여해 떨어지면 보증금 봉투를 돌려받으면 되고, 최고가 매수신고인으로 낙찰이 되면 보증금 10%에 대한 영수증을 받고 돌아오면 된다. 이후 일주일이 지나면 매각허가결정이 떨어지고 추가로 일주일이 지나면 매각허가결정이 확정된다. 이후 1개월 이내에 잔금 납부기한이 정해지는데 기한 내에 아무 때나 해당 법원에 가서 잔금을 내면 된다.

초보자가 제일 어려워하는
점유자 명도

경매에서 매수한 부동산에 이전 소유자 혹은 세입자가 거주하고 있으면 해당 점유자를 내보내야 한다. 대부분의 초보 투자자가 명도를 가장 어려워한다. 하지만 명도는 「민사집행법」에 정해진 정당한 절차이고 권한 없는 점유자는 최고가 매수신고인이 잔금을 낸 이후부터 불법으로 거주하고 있는 셈이다. 또한 불법으로 거주하는 기간 동안의 임차 비용을 부담할 의무가 있으므로 점유자를 내보내는 데 그리 스트레스를 받을 필요는 없다.

경매 부동산 매수자는 인도명령이라는 간단한 절차를 통해 법원의 도움을 받아서 점유자를 강제로 내보낼 수 있다. 따라서 이를 활용해 점유자와 이사를 가는 것에 대해 협상을 하는 게 좋다. 점유자가 이전의 소유자였든 세입자였든 간에 그들도 이미 손해를 본 상황이므로 협상과정에서 필요에 따라 약간의 이사 비용을 감안하는 것도 나쁘지는 않다.

활용 용도에 따라
기본적인 수리는 필요하다

점유자를 내보내고 난 이후에는 부동산의 활용 용도에 따라 내·외부 수리가 필요하다. 아무리 깔끔하게 사용하던 부동산이라도 최소한의 수리는 필요한 법이다. 경매 투자를 반복적으로 하는 투자자의 경우 도배나 열쇠 교체 등은 직접 하는 경우도 많고, 손재주가 있는 투자자는 거의 대부분의 수리를 직접 하는 경우도 있다.

이런 투자자의 경우 수리비용을 상당히 아낄 수 있기 때문에 입찰 경쟁에서 다른 투자자보다 유리한 경우가 많다. 같은 부동산에 대해 더 높은 금액으로 입찰할 수도 있고, 수리비가 걱정되어 다른 투자자가 입찰하지 않는 낡은 부동산을 가져와 오히려 높은 수익률을 올릴 수도 있다.

마무리: 투자용 부동산은
세입자 구하기

앞의 모든 과정을 마친 후에는 그 목적에 따라 사용하면 된다. 실거주 목적이면 다른 절차가 필요 없겠지만 투자용으로 받은 것이라면 세입자를 구해야 한다. 세입자를 구하는 방식은 투자자마다 다르지만 중개수수료를 아끼고 조금이라도 빨리 세입자를 구하기 위해 직거래를 알선하는 인터넷 사이트(카페) 등에 홍보하거나 부동산이 있는 지역에 전단지를 직접 붙이기도 한다. 시간이 없고 직접 거래하기 힘든 상황이라면 중개업소를 통해 세입자를 구하면 된다.

경매로 부동산을 사면 이런 일련의 과정을 거쳐 최종적으로 투자를 마무리하게 된다. 어떤 부동산에 투자하건 경매로 매수한다면 지금까지 소개한 과정은 거의 필연적으로 거쳐야 하는 과정이다. 이 과정을 충분히 숙지하고 실행해야 시간 낭비를 하지 않고 효율적으로 투자를 진행할 수 있다.

잡소리

부동산 경매 투자과정 8단계

투자자라면 투자과정을 정확히 알고 각 과정마다 소요되는 일정 등을 대강이라도 사전에 파악하고 있어야 한다. 그래야 다음에 어떤 일이 진행되는지를 알고 대비할 수 있기 때문이다. 가장 중요한 건 경매에 나온 부동산들 중에서 가장 괜찮아 보이는 부동산을 어떻게 조사해서 가치를 알아내는가 하는 것이다. 그게 투자의 성공을 좌우하는 핵심이다.

1) 매각기일이 잡힌 부동산 중 괜찮아 보이는 물건을 찾는다.
2) 서류 조사 및 현장 방문 등을 통해 최종 입찰할 물건을 고른다.
3) 매각기일에 경매법정에 가서 입찰한다.
4) 떨어지면 보증금을 받아 돌아오고, 낙찰받으면 영수증을 받고 돌아온다.
5) 낙찰 후 일주일(매각허가결정)이 지나고 또 일주일(매각허가결정 확정)이 지난 뒤 잔금기일이 지나기 전에 잔금을 내고 소유권을 이전한다.
6) 매수한 부동산에 거주하는 사람이 있으면 협의를 통해 이사를 내보낸다.
7) 인테리어 등 필요한 수리를 한다.
8) 직접 거주하거나 임대를 주거나 처음 계획한 대로 부동산을 활용한다.

위 8가지가 부동산 경매에 참여한 투자자로서 해야 할 일이다. 물론 중간에 경매가 취소될 수도 있고 연기될 수도 있다. 그런 건 새로운 문구가 붙게 마련이니 그때 찾아보고 의미를 파악한 뒤 대처하면 된다. 쉽게 생각하면 쉽고 어렵게 생각하면 어렵다.
한 가지 분명한 것은 부동산 경매는 투자한 사람이 모르게 벌어지는 일이 없다. 입찰한 부동산 경매에서 떨어지면 냈던 보증금을 돌려받고 돌아오면 끝이다. 또 낙찰이 돼서 최고가 매수신고인이 되었다면 이후 진행되는 새로운 일은 모두 최고가 매수신고인에게 알려준다.

최고가 매수신고인에게 알리지 않고 진행된 일은 모두 취소 대상이다. 그러니 경매가 처음이라고 겁먹을 필요 없다. 혹시 투자과정 전체를 세세하게 숙지하지 못했다고 해도 괜찮다. 누구에게나 처음은 있다. 모르는 걸 아는 척하면 큰코다치지만 모르는 걸 인정하고 들어가면 새로운 기회가 열린다.

2장 부동산 경매 훑어보기

핵심내용

- 부동산 등기사항전부증명서 등 등기에 관한 내용은 등기소에서 관리한다. 건축물대장과 토지대장은 각 지방자치단체에서 만들고 관리·감독한다. 부동산 투자를 하려면 어떤 서류를 어느 기관에서 관리하고 어디서 발급받아야 하는지는 알아야 한다.

- 부동산 등기사항전부증명서는 토지, 건물, 집합건물 등 세 종류가 있고, 각 증명서는 표제부, 갑구 및 을구로 나뉜다. 갑구에는 누가 소유하고 있는지와 소유권에 어떤 문제가 있는지가 나와 있고, 을구에는 돈을 빌린 흔적(근저당권)과 거주에 관한 흔적(전세권, 임차권)을 기록한다.

- 부동산 등기사항전부증명서의 맨 마지막 장에는 앞서 기록된 표제부, 갑구 및 을구의 주요 등기사항을 요약해서 한눈에 보기 편하도록 구성되어 있다.

- 건축물대장은 건축물의 위치, 면적, 구조, 용도, 층수 등 건축물의 현황 내용과 건축물 소유자의 성명, 주소, 소유권리 등의 현황을 등록해 각 지방자치단체에서 관리한다. 실제 이용현황에 중점을 두고 관리하기 때문에 불법개축 혹은 증축 문제 발생 시 건축물대장에 별도로 기록한다.

- 토지대장도 이용현황에 중심을 둔 서류다. 토지의 사용용도(지목)와 실제 면적 등을 확인하는 용도이며, 개별공시지가도 등록되어 있다.
- 경매는 '경매신청→경매개시결정→매각 준비→매각 실시→매각허가결정→매각대금 납부→배당 실시→경매 종결'의 절차를 거쳐 진행된다.
- 경매 부동산은 최초 매각기일 14일 전부터 '법원경매정보(www.courtauction.go.kr)' 사이트에 게시되므로 누구나 필요에 따라 무료로 물건을 검색하고 찾아볼 수 있다.
- 주거용을 주로 검색한다면 저렴하거나 무료인 정보사이트를 이용해도 된다. 상대적으로 가격이 비싼 사이트는 법정지상권 등 특수물건에 대해 자료가 더 많이 축적되어 있는 편이다.
- 부동산 경매 투자는 '입찰 대상 검색→권리분석→임장→입찰 여부 결정→입찰→낙찰 시 잔금 납부 및 소유권이전→점유자 명도→인테리어 등 수리→거주하기 또는 세입자 구하기'의 과정을 거친다.

3장

실전 투자를 위한
필수 권리분석

$

- ✓ 권리분석이란 무엇일까?
- ✓ 부동산 경매 권리분석의 기본 기준
- ✓ 임차인의 대항력 분석하기
- ✓ 권리분석을 위한 주요 권리
- ✓ 물권과 채권의 관계 이해하기

권리분석이란
무엇일까?

실무적으로 권리분석은 부동산의 권원 및 권리관계 등에 하자가 있는지 조사·분석하는 작업을 의미한다. 이때의 권리분석은 부동산 거래시 부동산에 내재되어 있는 위험성을 해결하는 것이 아니라 확인하는 역할을 말한다. 즉 대상 부동산이 어느 정도의 위험성을 가지고 있는지 확인하는 작업이다. 이처럼 부동산 경매의 매력은 권리분석을 통해 투자 대상 부동산의 위험 정도를 파악해, 그 위험을 감수하거나 위협이 되는 부분을 해결하면 일반 부동산 투자보다 상대적으로 고수익을 이루는 게 가능하다는 데 있다.

반면 현대적인 의미의 권리분석은 점차 대상 부동산의 위험요소를

3장 실전 투자를 위한 필수 권리분석

파악하는 것과 더불어, 숨어 있는 내재가치를 찾아내고 수익성을 분석하는 부분까지 포함하는 것으로 확대되고 있다. 따라서 현재의 권리분석 활동이란 각종 공부로 확인 가능한 소유권 및 용익권에 관계된 권리 외에 현장에서의 임장활동 및 탐문을 통해 파악해야 하는 보이지 않는 부분까지 포함한다.

왜 권리분석을
해야 할까?

경매로 부동산에 투자하는 것의 가장 큰 장점은 시세보다 싸게 부동산을 취득해 상대적으로 높은 수익을 얻을 수 있다는 점이다. 부동산 투자를 하는 이유와 목적은 투자자마다 다르지만, 기본적으로는 부동산 투자를 통해 얻을 수 있는 장래의 수익이 동기가 된다.

이러한 기대가치가 있기 때문에 경매는 수익을 극대화하고 싶은 이들에게 매력적인 재테크 수단으로 인식된다. 하지만 경매 부동산은 대부분 하자를 가지고 있어 일반인이 쉽게 접근하기 어려운 면이 있다. 경매가 진행되는 부동산은 대출 등의 이유로 가치를 상당 부분 상실한 상태이므로 대부분의 등기 및 미등기된 권리상태가 복잡하다. 따라서 경매 부동산을 제대로 분석해서 투자하면 수익을 얻을 수 있지만, 그렇지 못하면 수익이 아니라 손해를 입을 수도 있다.

이러한 경매 부동산의 위험성을 제거하고 안전하게 투자하기 위한 첫 단추가 바로 권리분석이다. 권리분석을 잘한다고 해서 큰 수익이 날 수 있는 것은 아니지만, 권리분석에 실패한다면 나머지 협상과 명도를 아무리 잘한다고 해도 첫 단추를 잘못 끼운 책임은 고스란히 투자자에게 되돌아온다. 그러므로 경매 부동산에 투자하기 위해서는 무엇보다 권리분석에 대한 공부가 가장 철저하게 이루어져야 한다.

권리분석의
일반적인 절차

부동산 경매 투자에 대한 경험이 많다면 굳이 권리분석을 할 때 특정한 절차를 따를 필요는 없으나, 배우는 단계에 있다면 다음과 같은 기

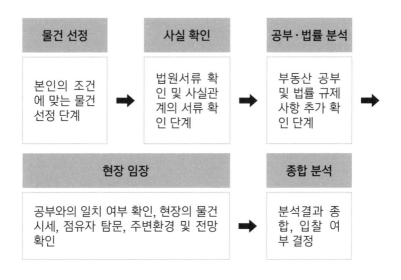

물건 선정	사실 확인	공부·법률 분석
본인의 조건에 맞는 물건 선정 단계	법원서류 확인 및 사실관계의 서류 확인 단계	부동산 공부 및 법률 규제 사항 추가 확인 단계

현장 임장	종합 분석
공부와의 일치 여부 확인, 현장의 물건 시세, 점유자 탐문, 주변환경 및 전망 확인	분석결과 종합, 입찰 여부 결정

3장 실전 투자를 위한 필수 권리분석

본적인 권리분석 절차에 맞춰 분석하는 것이 효율적이다. 다만 반드시 아래와 똑같은 절차를 거쳐야 하는 것은 아니고, 각자의 필요에 따라 절차 중 일부를 뺄 수도 있고, 다른 내용을 추가할 수도 있다. 이는 각자의 취향과 능력에 맞게 상당 부분 달라질 수 있을 것이다.

현재의 권리분석이란 현장에서의 임장활동까지 포함하는 광범위한 영역이므로 철저하고 정확한 권리분석이 요구된다. 단순히 부동산의 흠을 제거하는 것으로 끝나는 게 아니라 흠을 제거했을 때 어떤 가치를 가질 수 있는지를 이 권리분석 단계에서 함께 검토해야 한다. 이는 투자를 실행하고 완성할 때의 수익성을 판가름하는 중요한 부분이므로 권리분석은 될 수 있는 한 꼼꼼히 하는 게 좋다.

경매로 부동산에 투자하는 것의 가장 큰 장점은
시세보다 싸게 부동산을 취득해 상대적으로
높은 수익을 얻을 수 있다는 점이다.
부동산 투자를 하는 이유와 목적은 투자자마다 다르지만,
기본적으로는 장래의 수익이 동기가 된다.

잡소리

부동산 경매가 나쁜 거라고?

부동산 경매가 대중화되었다고는 하나 여전히 인식은 부정적이다. 부동산 경매 투자를 해서 돈을 벌었다고 하면 부러워하는 사람이 많은 만큼 욕하는 사람도 많다. 부동산 경매는 '불쌍한 사람들 등 쳐먹는 짓'이라는 것이다.

대출을 받지 않고 순전히 자기 돈으로 부동산을 살 수 있는 사람이 얼마나 될까? 일부 현금 부자를 빼고는 불가능에 가까운 일이다. 특히 일반 서민은 꿈도 못 꾼다. 대출은 우리 같은 보통 사람들이 자기 부동산을 갖도록 도와주는 좋은 제도다. 문제는 욕심이 과해 분에 넘치는 수준의 대출을 받는 데 있다. 그 욕심이 대출을 받아 부동산을 산 사람을 망하게 한다. 또 그런 부동산에 들어간 임차인 의 보증금까지 날려먹게 한다. 애초에 대출을 무리하게 받지 않았 으면 일어나지 않았을 일이다.

집이 경매로 넘어가는 것은 소유주의 욕심에 대한 죗값을 치르는 셈이라 할 수 있다. 그들은 불쌍한 사람 쪽에 속하지 않는다. 오히 려 그런 사람들 때문에 다수의 선량한 사람들까지 높은 이자를 물 게 된다. 이런 경매 부동산에 투자하는 사람은 꼬인 문제를 해결하 는 해결사에 가깝다. 경매 투자자가 아니면 이런 문제를 어떻게 해 결할 수 있을까? 국가가 나서서? 간절히 바라면 온 우주가 저절로 해결해줄까? 부동산 경매를 나쁜 쪽으로만 보는 사람은 사실 배가 아파서 그런지도 모른다.

임차인은 어떨까? 그런 문제가 생길 줄 모르고 피 같은 돈을 보증 금으로 내고 들어갔는데 말이다. 여기서 권리분석이 절실히 필요 해진다. 그런 문제가 생길 줄 몰랐다는 게 가장 큰 문제다. 피 같 은 돈을 내면서 왜 문제가 발생할 수도 있다는 걸 모르는가? 부동 산을 모르고 권리분석은 더더욱 모르기 때문이다. 그러다가 돈 날 리면 어느 누구도 그 돈을 물어주지 않는다. 몰라서 생긴 일이라고 해서 끝이 아니다. 모르면 당하는 게 현실이다. 권리분석은 순진한 사람들이 냉정한 세상에서 피 같은 돈을 날리지 않도록 하기 위해 필요하다. 이제 모르는 것도 죄가 되는 세상이다. 권리분석을 모르는 사람은 순진한 사람이기보다 멍청한 사람에 가깝다.

부동산 경매
권리분석의 기본 기준

경매로 매각되는 부동산은 채권, 즉 돈 문제로 인해 소유자의 의사와 관계없이 법원에서 강제로 부동산을 파는 것이다. 따라서 매각과정에서 채권자와 채무자, 그리고 임차인의 이해관계가 첨예하게 얽히기 마련이다. 이에 법원에서는 미리 정한 법규에 따라 매각을 실시하게 되므로 투자자는 관련 규정을 제대로 숙지하고 투자해야 한다. 법원에서 부동산을 매각할 때 준용하는 「민사집행법」의 규정을 얼마나 잘 알고 있느냐에 따라 좋은 부동산을 싸게 살 수도 있고 자칫 잘못하면 큰 손해를 볼 수도 있다.

매각 시 말소의 기준이 되는
말소기준권리

말소기준권리란 부동산 경매가 진행되어 대상 부동산이 매각된 뒤 새로운 매수인에게 소유권이 이전될 때, 매각과 함께 말소되거나 새로운 매수인이 인수해야 하는 기준이 되는 권리다. 따라서 권리분석을 하려면 가장 먼저 말소의 기준이 되는 권리를 찾아야 한다. 말소기준권리보다 앞선 권리는 새로운 매수인이 인수해야 하고, 말소기준권리보다 뒤에 있는 권리는 새로운 매수인에게 대항할 수 없기에 말소된다.

말소기준권리가 될 수 있는 권리는 크게 5개로 나뉜다. 부동산 등기사항전부증명서에 등재되어 있는 권리 중 등기의 접수 순서가 가장 빠른 것이 말소기준이 된다. 예를 들어 등기부에 기재된 것 중 근저당권이 가장 빠른 등기 접수일을 가졌다면 그 이후에 등재된 권리는 새로운 매수인이 인수할 필요 없이 모두 없어지는 것이다.

● 말소기준권리

말소기준이 될 수 있는 권리	참고사항
근저당권, 저당권	등기된 (근)저당권 중 최선순위 (근)저당권
전세권	전세권자가 경매신청을 하고 앞선 말소기준권리가 없는 경우
가압류, 압류	최선순위 (가)압류
(담보)가등기	최선순위 (담보)가등기
경매개시결정 기입 등기	앞선 말소기준권리가 없는 경우

권리분석의 기본 원칙,
부동산 권리분석의 기준

부동산 경매의 권리분석 내용을 표로 정리하면 오른쪽과 같이 요약할 수 있다. 이는 권리분석의 기본 원칙인데 대부분의 권리분석은 이 표를 참조하면 된다.

다만 모든 일에는 원칙과 더불어 예외가 있는데, 부동산 경매에서도 마찬가지로 예외 규정이 있다. 이는 한 번에 다 익히기 어려운 방대한 내용이고, 실무에서 거의 접하기 힘든 내용들도 있으므로 원칙을 벗어나는 예외 규정 등은 실제 투자를 접하면서 사례별로 배워나가는 것이 효율적일 거라고 생각된다. 시작 단계에서는 복잡하게 예외 규정까지 익히려 하지 말고 일단 기초 내용 정도만 머릿속에 담고 있어도 충분하다.

말소기준권리보다 앞서 부동산 등기사항전부증명서에 등기된 권리와 미등기된 권리는 새로운 매수인이 인수하고, 말소기준권리보다 늦게 등기된 권리와 미등기된 권리는 말소된다. 다만 예외적으로 말소기준권리보다 앞선 권리 중 소멸되는 것도 있고, 말소기준권리보다 늦더라도 인수해야 하는 권리도 있다.

또한 유치권, 법정지상권, 예고등기, 분묘기지권 등 말소기준권리와 상관없이 항상 매수인이 인수해야 하는 권리도 존재한다. 이러한 권리는 상대적으로 큰 위험요소인 만큼 역설적으로 인수 여부를 잘 검토해 낙찰받으면 큰 수익을 얻을 수도 있다. 그러나 어느 정도 경험이

● 권리분석의 기준

구분	등기 권리	미등기 권리	참고사항

인수	• 지상권
	• 지역권
	• 전세권
	• 등기된 임차권
	• 가처분, 환매등기
	• 소유권이전청구권
	  가등기
		대항력 임차인
		- 점유 + 전입
		  신고
			• 소멸되는 선순위 가처분
			① 소유주와 가처분권
			  자가 동일인인 경우
			② 근저당설정청구권
			  보전을 위한 가처분
			③ 소멸시효 내에 본안
			  소송을 제기하지 않
			  을 경우
			  - 2002. 6. 30 이전
			    10년
			  - 2002. 7. 26 이전
			    5년
			  - 2005. 7. 27 이후
			    3년
			• 선순위 전세권이 배당
			  요구하면 매각으로 소멸

말소 기준	• (근)저당 • 전세권(전세권자가 경매신 청 시) • (가)압류 • (담보)가등기 • 경매개시결정 기입 등기	순위 불문하고 항상 인수 - 유치권 - 법정지상권 - 예고등기 - 분묘기지권	말소기준권리: 등기부에 기재된 좌측의 권리 중 최 선순위로 기입된 등기

소멸	• 지상권
	• 지역권
	• 전세권
	• 등기된 임차권
	• 가처분, 환매등기
	• 소유권이전청구권
	  가등기
		임대차	• 인수되는 후순위 가처분
			- 건물 철거 및 토지인도
			  청구권 보전 가처분은
			  인수
			- 진정한 소유권을 다투
			  는 가처분
			• 전소유주 (가)압류 소멸
			- 대법 2006년 7월
			  28일 선고 2006다
			  19986

필요한 분야이니 부동산 경매를 처음 접하는 사람은 경험을 쌓고 나서 도전하는 것이 좋다.

매수인이 인수해야 하는 권리,
놓치면 손해다

말소기준권리보다 먼저 등기된 권리는 부동산 경매 진행을 통한 매각으로 소유권이 변경되더라도 소멸되지 않고 매수인이 인수하게 된다. 권리분석을 할 때 이 부분을 꼼꼼히 파악하고 투자해야 한다.

부동산 경매에서는 인수해야 하는 권리와 말소되는 권리를 명확히 파악하고 투자를 해야 손해를 입지 않을 수 있다. 자칫 권리분석을 잘못해 인수해야 하는 권리를 말소되는 것으로 알고 투자한다면, 결국 인수해야 하는 그 권리로 인해 막대한 손해를 볼 수도 있고 보증금을 포기해야 하는 경우도 생길 수 있다. 그러므로 권리분석은 항상 신중하게 최선을 다해야 한다.

권리분석의 기본이 되는 말소기준권리는 부동산 등기사항전부증명서에 등재된 접수일을 기준으로 분석하므로 이 서류는 부동산 경매에서 가장 중요한 참고자료가 된다. 이것만 제대로 볼 줄 알아도 권리분석의 절반은 끝낸 것과 같다.

단독주택이나 다가구주택의 경우에는 건물과 토지 등 2개의 부동산 등기사항전부증명서를 가지게 되며, 아파트나 오피스텔 등 흔히 집합건물로 불리는 부동산은 건물과 토지의 등기부가 합쳐져 하나의 집합건물 등기사항전부증명서로 구성되어 있다.

부동산 등기사항전부증명서는 표제부, 갑구 및 을구 등 3가지로 구성되어 있는데 표제부는 부동산의 지번, 지목, 면적 및 구조 등 건물

● 인수 권리

인수 권리	참고사항
유치권	말소기준권리와 상관없이 항상 인수
법정지상권	
예고등기	
분묘기지권	① 토지 소유자의 승낙 ② 분묘 설치 후 20년간 점유 ③ 자기 토지에 분묘 설치 후 별도 특약 없이 토지를 타인에게 처분 시
용익물권(지상권, 지역권, 전세권)	말소기준권리보다 먼저 등기된 경우, 전세권은 전세권자가 배당 요구 시 매각으로 소멸
환매등기, 임차권	말소기준권리보다 먼저 등기된 경우
(가)등기	소유권이전청구권 가등기는 인수, 담보가등기는 말소기준권리로 소멸
가처분	선순위 가처분은 인수, 후순위라도 진정한 소유권을 다투는 가처분은 인수

및 토지 전체에 관한 내용으로 이루어져 있다.

갑구는 해당 부동산의 소유권에 관한 표시 및 (가)압류와 가처분 등 소유권에 영향을 미치는 권리관계에 대한 내용을 기본으로 하고 있다. 따라서 갑구를 살펴보면 소유권의 변동에 관한 사항과 소유권에 위협이 되는 각종 권리관계를 확인할 수 있다.

을구는 소유권 이외의 권리인 저당권, 전세권, 임차권 등 주로 용익권과 관련된 권리에 관한 내용을 담고 있는데, 특히 은행에서 대출을 받는 경우 설정하게 되는 근저당권이 을구에 기록되어 있다.

잡소리

권리분석, 피하지 말자

처음 권리분석을 접하는 사람은 그 원리를 이해하기 어렵다. 책 한 권만 읽고 권리분석을 마스터할 수 있는 사람은 흔치 않다. 독학을 하려면 부동산 경매 책 여러 권을 여러 번 읽어야 한다. 그렇다고 경매 교육을 들으라는 건 아니다. 독학으로도 권리분석은 충분히 익힐 수 있다.

그런데 사실 웬만한 권리분석은 사설 부동산 경매 정보사이트에서 다 제공해준다. 그러니 권리분석을 잘 못한다는 이유로 부동산 경매를 못한다는 사람은 없다. 만약 그런 말을 하는 사람이 있다면 진짜 간이 작거나 부동산 경매를 하기 귀찮아서 핑계를 대는 것일 뿐이다.

말소기준권리를 기준으로 삼아서 그 이전 것은 최고가 매수신고인이 인수하고 이후 것은 없어진다는 사실만 알면 게임 끝이다. 처음 시작하는 사람들은 말소기준권리만 알면 된다. 회사에 처음 입사하는 신입사원이 일을 잘해서 월급을 주는 건 아니지 않은가? 신입사원은 일을 배우면서 월급을 받고 회사는 돈을 주면서 일을 가르쳐준다. 처음 부동산 경매를 하는 사람들은 신입사원과 같다고 생각하면 된다. 말소기준권리만 파악하고 나머지는 투자를 하면서 하나씩 익혀나가면 된다.

부동산 경매 투자를 하기 위해 권리분석 표를 외우고 나서 어느 것은 인수하고 어느 것은 말소되는지를 하나하나 파악해나가는 것도 좋다. 하지만 최소한의 필요한 내용만 인지하고 나머지는 현장 실무를 통해 익혀가는 것이 투자자로서는 더욱 바람직한 자세라고 본다.

모든 것을 다 공부하고 익힌 다음 투자하려면 평생이 걸려도 입찰을 못한다. 부동산 경매를 학문으로서 공부하길 원하는지 돈을 벌기 위한 투자 수단으로 활용하길 원하는지를 명확히 해라. 권리분석을 핑계 삼아 빠져나갈 생각은 하지 마라. 권리분석은 어렵긴 하지만 결코 넘지 못할 산이 아니다. 그리고 지금 당장 넘지 않아도 된다. 천천히 가다 보면 어느새 익숙해지는 게 부동산 경매다.

3장 실전 투자를 위한 필수 권리분석

웬만한 권리분석은 사설 부동산 경매 정보사이트에서
다 제공해준다. 그러니 권리분석을 잘 못한다는 이유로
부동산 경매를 못한다는 사람은 없다.
만약 그런 말을 하는 사람이 있다면 진짜 간이 작거나
부동산 경매를 하기 귀찮아서 핑계를 대는 것일 뿐이다.

임차인의 대항력
분석하기

경매로 매수하려는 부동산에 임차인이 있는 경우 해당 임차인이 인수해야 할 대상인지, 아니면 인수하지 않아도 될 것인지를 파악해야 한다. 이때 기준으로 삼는 것이 말소기준권리일이다. 말소기준권리일보다 먼저 점유한 임차인이라면 낙찰자는 배당순위에서 밀려서 돌려받지 못하는 임차인의 보증금을 대신 지급할 의무를 지게 된다. 이 같은 임차인의 대항력 보유 유무를 분석하는 것은 크게 어렵지 않다. 다만 임차인은 소유주에 비해 상대적인 약자이므로 임차인을 위한 「임대차보호법」을 제정해 보호하고 있다. 따라서 성공적인 투자를 위해서는 명확한 임차인 분석을 통해 손해를 입는 일이 없도록 해야 할 것이다.

우선변제권

「민사특별법」의 「주택임대차보호법」상 임차인은 등기를 하지 않아도 주택의 인도와 주민등록 전입신고를 마치면 그 다음 날부터 대항력을 갖게 된다. 임차인의 대항력이 말소기준권리일보다 앞서면 낙찰자는 임차인의 보증금을 인수해야 한다. 하지만 대항력의 발생일이 말소기준권리보다 늦으면 임차인의 권리는 말소된다. 즉 보증금을 다 돌려받지 못하더라도 낙찰자에게 보증금을 달라고 할 수 없다는 의미다.

대항력을 갖춘 임차인이 거주하고 있는 부동산이 경매에 들어갈 경우 임차인은 배당요구 종기일 전까지 배당요구를 해야 한다. 그런데 배당요구를 할 때 임차인은 거주지 주민센터에서 전입했음을 확인한 확정일자가 반드시 있어야 한다.

우선변제권이란 경매 등의 사건으로 인해 임대차가 강제적으로 종료되었을 때 임차인의 보증금을 후순위 권리자보다 우선해서 받을 수 있는 권리를 말한다. 바꿔 말하면 경매 부동산이 낙찰되고 배당이 진행될 때 후순위 권리자보다는 먼저 받을 수 있지만 선순위 권리자보다는 늦게 받는다는 것이다.

우선변제권은 대항력(주택의 인도와 전입신고)과 확정일자를 모두 갖춰야 주어지는데, 둘 중 늦은 날짜를 기준으로 우선변제권이 생긴다. 전입은 일찍 했어도 확정일자를 늦게 받았으면 그만큼 우선변제권의 효력이 늦게 생기는 것이다. 임차인이 여럿인 주택이 경매에 들어가는 경우 임차인들끼리의 순위 다툼도 치열하므로 대항력과 확정일자는 최대한 일찍 갖추는 게 좋다. 투자자가 경매 부동산에 투자하는 경우에는 임차인의 우선변제권이 언제 생겼는지에 대해 면밀히 살펴야 손해를 보지 않을 수 있다.

임차인의 경우 임대차 기간에 보증금을 증액하면 증액한 부분에 대해서만 확정일자를 다시 받아야 한다. 전체 보증금을 합산해 새로 계약서를 작성하고 확정일자를 받으면 처음에 확보했던 순위는 없어지고 새로 확정일자를 받은 때부터 우선변제권이 생기기 때문이다.

최우선변제권

최우선변제권은 순위에 상관없이 다른 권리자보다 우선해서 배당받을 수 있는 권리를 말한다. 최우선변제권은 소액 임차인을 보호하기 위해 특별히 부여하는 권리이므로 임차인의 모든 보증금을 돌려주는 것은 아니다. 「민사특별법」상 지역마다 최우선변제금액이 정해져 있어서 그 한도 내의 보증금으로 계약한 임차인의 보증금 중 일정액에 대해서만 우선적으로 돌려주게 된다. 최우선변제권은 대항력만 가지면 되고 확정일자를 필요로 하지는 않는다.

최우선변제권은 임차인이 임대한 주택에 설정되어 있는 최선순위 담보권이 언제 설정되었는가를 기준으로 소액 보증금 범위를 정하고 그 범위 안의 보증금액으로 계약한 임차인에 대해서만 지역별로 일정액의 최우선변제금을 다른 권리자보다 우선해서 돌려준다. 따라서 임차인이 임대하는 주택에 근저당 등의 담보권이 설정되어 있을 경우 해당 담보권이 최근에 설정된 것일수록 좋다.

● 최우선변제금액 기준표

최선순위 담보권 설정일자	지역	소액보증금 범위	최우선변제금
1984. 1. 1~ 1987. 11. 30	특별시, 광역시	300만 원 이하	300만 원
	기타 지역	200만 원 이하	200만 원
1987. 12. 1~ 1990. 2. 18	특별시, 광역시	500만 원 이하	500만 원
	기타 지역	400만 원 이하	400만 원
1990. 2. 19~ 1995. 10. 18	특별시, 광역시	2천만 원 이하	700만 원
	기타 지역	1,500만 원 이하	500만 원
1995. 10. 19~ 2001. 9. 14	특별시, 광역시	3천만 원 이하	1,200만 원
	기타 지역	2천만 원 이하	800만 원
2001. 9. 15~ 2008. 8. 20	수도권 중 과밀억제권역	4천만 원 이하	1,600만 원
	광역시(군 제외)	3,500만 원 이하	1,400만 원
	그 외 지역	3천만 원 이하	1,200만 원
2008. 8. 21~ 2010. 7. 25	수도권 중 과밀억제권역	6천만 원 이하	2천만 원
	광역시(군 제외)	5천만 원 이하	1,700만 원
	그 외 지역	4천만 원 이하	1,400만 원
2010. 7. 26~ 2013. 12. 31	서울특별시	7,500만 원 이하	2,500만 원
	수도권 중 과밀억제권역	6,500만 원 이하	2,200만 원

최선순위 담보권 설정일자	지역	소액보증금 범위	최우선변제금
2010. 7. 26~ 2013. 12. 31	광역시(군 제외), 안산, 용인, 김포, 광주 포함	5,500만 원 이하	1,900만 원
	그 외 지역	4천만 원 이하	1,400만 원
2014. 1. 1~ 2016. 3. 30	서울특별시	9,500만 원 이하	3,200만 원
	수도권 중 과밀억제권역	8천만 원 이하	2,700만 원
	광역시(군 제외), 안산, 용인, 김포, 광주 포함	6천만 원 이하	2천만 원
	그 외 지역	4,500만 원 이하	1,500만 원
2016. 3. 31~	서울특별시	1억 원 이하	3,400만 원
	수도권 중 과밀억제권역	8천만 원 이하	2,700만 원
	광역시(군 제외), 안산, 용인, 김포, 광주 포함	6천만 원 이하	2천만 원
	세종시	6천만 원 이하	2천만 원
	그 외 지역	5천만 원 이하	1,700만 원
2018. 9. 18~	서울특별시	1억 1천만 원 이하	3,700만 원
	수도권 중 과밀억제권역	8천만 원 이하	3,400만 원
	광역시(군 제외), 안산, 용인, 김포, 광주 포함	6천만 원 이하	2천만 원
	그 외 지역	5천만 원 이하	1,700만 원

잡소리

임차인의 대항력

임차인의 대항력을 잘못 분석하면 한 방에 망하게 될 수도 있고, 보증금을 포기하고 돌아서며 뜨거운 눈물을 흘려야 될 수도 있다. 임차인은 등기되지 않은 권리를 가진 사람이므로 눈에 보이지 않는 무서운 능력을 가지고 있다. 주거용 부동산 투자를 할 때 가장 유의해서 살펴야 할 권리다.

말소기준권리보다 앞선 임차인은 최고가 매수인이 인수해야 하고, 말소기준권리보다 늦은 임차인은 인수 대상이 아니니 권리가 말소된다. 이때 말소기준권리보다 앞선 임차인이 배당신청을 했다면 안심해도 된다. 인수해야 할 임차인의 보증금이 없기 때문이다. 우리나라의 경매제도는 잉여주의를 가진다. 무슨 말인가 하면 경매를 넣은 채권자에게 최소 1원이라도 배당을 해줄 수 있어야 경매를 진행한다는 말이다. 경매를 넣은 채권자가 하나도 배당을 받지 못하면 그 경매는 취소 대상이다. 그 경매가 취소되지 않으려면 채권자가 자신에게 최소 1원이 배당되는 정도의 금액으로 매수를 해야 한다. 그게 우리나라 경매제도다.

따라서 말소기준권리보다 앞선 임차인이 배당신청을 했는데 부동산 경매가 취소되지 않고 계속 진행된다면 최고가 매수인이 인수해야 할 임차인의 보증금은 없다는 것이다. 한 가지의 예를 들었을 뿐 부동산 경매를 하다 보면 이런 사례가 다양하게 나온다.

문제는 말소기준권리보다 앞선 임차인이 배당신청을 안 했거나 했다가 취소한 경우다. 이럴 때는 무조건 최고가 매수인이 인수해야 하므로 임차인의 보증금을 모두 인수하고도 남는 게 있을 만한 가격으로 떨어질 때까지 기다려야 한다. 왜 선순위 임차인이 배당신청을 안 하거나 했다가 취소를 할까? 자신의 보증금은 손해 볼 일이 없으니 그걸 기회로 해당 부동산을 본인이 매수하려는 경우가 가장 흔한 편이다.

임차인에 대한 권리분석에는 다양한 경우의 수가 있다. 이런 경우를 앉은 자리에서 한 번에 익히긴 어렵다. 이런 권리분석은 실제 투자 물건을 분석하면서 공부해나가는 게 가장 효율적이다.

그런데 임차인에 관한 권리분석 역시 사설 부동산 경매 정보사이트에서 돈만 내면 공짜로 볼 수 있다. 그러니 까다롭다고는 해도 극복하지 못할 문제는 아니라는 것이다. 우선변제권이니 최우선변제권이니 하는 것들이 무엇을 의미하는지 찾아보면 해결된다. 부동산 경매는 쫓기며 하는 투자가 아니다. 쫓기듯 부동산 경매를 공부하고 투자하면 결국 자신이 내쫓기게 된다.

임차인의 대항력을 잘못 분석하면
한 방에 망하게 될 수도 있고,
보증금을 포기하고 돌아서며
뜨거운 눈물을 흘려야 될 수도 있다.
임차인은 등기되지 않은 권리를 가진 사람이므로
눈에 보이지 않는 무서운 능력을 가지고 있다.

권리분석을 위한
주요 권리

부동산과 관련된 권리에는 소유권을 가져와도 제대로 행사할 수 없거나 심한 경우 소유권을 빼앗기는 문제를 일으키는 권리도 있다. 말소기준권리일보다 늦은 권리는 대부분 경매매각으로 소멸되지만 가처분이나 유치권 등은 그렇지 않은 경우도 있다. 따라서 이런 위험한 권리도 경매 입찰 전에 미리 꼼꼼히 파악해서 손해 보는 일이 없도록 해야 한다. 예외 없는 규칙은 없다는 말이 있다. 성공적인 투자를 하기 위해서는 부동산 경매에서도 수많은 규칙과 예외적인 조항이 있음을 잊지 말도록 하자.

대지권이 기재되지 않은 상태, 대지권 미등기

집합건물이 완공되어 등기부는 있으나, 아직 등기부에 대지권이 기재되지 않은 상태를 대지권 미등기라 한다. 구분건물의 소유자가 전유부분을 소유하기 위해 건물의 대지에 대해 가지는 권리를 대지사용권이라 하는데, 「등기법」에 의해 대지가 등기되었을 때 대지사용권은 대지권으로 변경된다.

대지권 미등기는 대지사용권은 이미 취득하고 구분건물에 대해서는 등기가 완료되었으나, 대지의 분필 및 합필이 복잡하거나 절차가 지연되는 경우, 또는 대지지분 미확정 등의 사유로 대지권 등기가 지연되거나 대지에 대한 권리를 처음부터 가지지 못한 경우에 발생하게 된다.

대지권 미등기인 건물의 경매 시 집행법원에 대지권의 유무를 조사할 책임이 있다. 집행법원의 조사 결과 전유부분과 일체로 경매 대상이 되는 대지사용권이 있는 경우, 이를 경매목적물의 일부로 포함시키고 대지사용권의 금액까지 포함해 감정평가를 한다. 따라서 이런 경우에는 새로운 매수인이 대지사용권까지 취득하게 되고 이를 등기할 수도 있다. 다만 소유권이전 시 만일 신도시라면 분양대금 미납분을 부담해야 할 수 있어 유의해야 한다.

토지에 대한 권리가 남은 상태, 별도 등기

집합건물의 대지권 등기 전 토지에 대해 성립하던 권리가 말소되지 않고 그대로 남아 있는 상태를 별도 등기라 한다. 토지에 저당권이 있는 상태에서 집합건물을 신축하고, 각 구분건물에 대해 대지권 등기를 할 경우 토지상에 남아 있던 저당권 등의 별도 등기가 구분등기에 그대로 영향을 미치게 되고, 이 같은 별도의 권리로 인해 별도 등기가 남게 된다.

토지 별도 등기의 물건을 매수하는 경우 대부분의 별도 등기는 그대로 새로운 매수인에게 인수된다.

토지 별도 등기 건물에 대한 경매절차에서 집행법원이 토지 별도 등기권자에게 채권 신고를 하도록 해서 각 구분건물에 대한 대지권 비율만큼의 금액을 배당받도록 하고, 매수인이 대지권을 확보할 수 있도록 하는 방안이 가장 좋은 해결 방법이다. 그러나 실무에서는 대부분 특별매각조건으로 '토지 별도 등기는 매수인 인수' 조건을 기재한 뒤 그대로 경매를 진행하는 경우가 많다. 이 경우는 매수자가 토지 별도 등기권자와 개별적인 협의로 해결해야 하므로 별도 등기 부동산에 대한 투자는 상대적으로 까다로운 편이다. 따라서 부동산 경매 초보자라면 토지와 건물의 권리관계가 일치하는 물건을 노리는 것이 좋다.

채무자의 재산을 묶어두는
가압류

가압류란 금전채권이나 금전으로 환산 가능한 채권의 집행을 보전하기 위해 채무자의 재산을 동결시켜 현상을 유지하는 것을 목적으로 하는 보전처분이다. 가압류권자는 가압류 재산의 처분은 가능하나 그 거래를 이유로 집행절차에 참여한 다른 채권자에 대항할 수는 없고, 오직 자신의 순위 및 배당 규칙에 의해서만 자신의 채권을 반환받을 수 있다.

경매개시결정 등기 전에 등기된 가압류는 배당요구를 하지 않아도 배당을 받게 되지만, 경매개시결정 등기 후 등기된 가압류는 배당요구의 종기까지 배당요구를 해야 한다.

전소유자의 가압류는 원칙적으로 매각절차에서 집행법원이 전소유자 가압류 등기를 새로운 매수인이 인수하지 않을 것을 전제로, 전소유자 가압류를 배당절차에서 배제하고 진행한 경우는 소멸하지 않고 새로운 소유주가 인수한다(대법 2007. 4. 13 2005다8682).

다만 실무적으로는 부동산에 다른 선순위 없이 가압류 등기 후 소유권이 이전되어 현 소유자의 채권자가 경매신청을 해서 매각된 경우, 전소유자의 가압류는 말소되고 가압류권자에 대한 배당액은 공탁 처리된다(대법 2006. 7. 28 2006다19986). 법원 직원의 경매 집행 규정집인『법원실무제요 민사집행 II권(부동산집행 편)』에서는 전소유자의 가압류는 배당 후 소멸하도록 되어 있다.

채무자를 위해 대상 물건을 보전하는 가처분

가처분이란 금전 채권 이외의 권리를 대상으로 하는 채권 보유 시 법률에 의한 확정판결을 통해 그 강제집행을 실행하기까지 대상 물건의 현상을 보전하기 위해 이루어지는 등기를 말한다. 가처분은 크게 점유이전금지 가처분과 처분금지 가처분으로 나눠진다. 점유이전금지 가처분은 부동산에 대한 인도, 명도청구권 보전을 위해 목적물의 현상변경이나 점유이전을 금지하는 처분이다. 처분금지 가처분은 채무자가 목적물에 대한 소유권이전, 저당권, 전세권, 임차권 설정 등 일체의 처분과 관계된 행위를 금지하도록 하는 보전처분을 말한다.

원칙적으로 말소기준권리보다 선순위인 처분금지 가처분은 새로운 매수인에게 인수되고 후순위 가처분은 말소된다. 실무적으로 후순위 처분금지 가처분이 인수되는 경우도 있는데, 건물 철거 및 토지인도 청구권 보전 가처분에 대해 가처분권자의 승소 확정 시 혹은 진정한 소유권을 다투는 가처분에 대해 가처분권자의 승소 확정 시에는 후순위라도 새로운 매수인에게 인수된다.

원칙적으로 인수해야 하는 가처분이 말소되는 경우도 있다. 소유주와 가처분권자가 동일인인 경우 혹은 소멸시효 내에 본안소송을 제기하지 않는 경우에는 자동으로 말소된다. 2005년 7월 27일 이후 등기된 가처분의 소멸시효는 10년이므로 기간 내에 본안소송이 제기되지 않은 가처분은 새로운 매수인이 인수하지 않고 말소된다.

순위 확보를 위한 예비등기,
가등기

가등기는 종국등기를 할 수 있는 실체적·절차적 요건이 완료되지 않은 상태에서 본등기의 순위 보전을 위해 미리 하는 예비등기의 성격을 가지고 있다. 즉 완전히 권리를 이전하기가 어려운 상태에서 일단 권리자의 순위만 먼저 확보하는 효과를 지닌 것이 가등기다. 가등기에는 담보 가등기와 청구권 보전 가등기 등으로 나뉜다.

　담보 가등기는 채권을 담보할 목적의 등기로, 경매 집행 시 저당권으로 취급되어 경매청구권 및 순위에 따른 우선변제청구권이 주어지고 매각으로 소멸된다. 청구권 보전 가등기는 소유권, 지상권, 전세권, 저당권, 권리질권, 임차권 설정·이전·변경 또는 소멸의 청구권을 보전하기 위한 것으로, 본등기의 순위 보전을 위한 예비등기다. 원칙적으로 말소기준권리보다 후순위의 가등기는 매각으로 소멸하고, 선순위는 새로운 매수인이 인수한다.

건물 소유자가 가지는
법정지상권

법정지상권은 토지와 건물이 동일인의 소유였다가 이후 소유자가 각각 달라졌을 때 그 건물 소유자가 자기 건물을 멸실하지 않고 그대로 보존할 수 있도록 토지를 정당하게 사용할 수 있게 하는 권리다.

법정지상권이 성립하려면 토지와 건물의 소유자가 동일한 적이 있어야 하고, 토지에 저당권을 설정할 당시 건물이 이미 존재하고 있어야 한다. 이 2가지 조건이 갖춰지게 되면 이후 매각으로 인해 토지와 건물의 소유자가 달라져도 건물 소유자가 토지 소유자의 허락 없이도 자기 건물을 정당하게 보존할 수 있다.

그 밖에 무허가나 미등기 건물도 성립요건을 갖추면 원시취득자에 대해서는 법정지상권이 성립된다. 원시취득자란 건물을 최초로 소유한 사람을 의미한다. 이때 법정상속을 받은 사람도 원시취득자에 포함된다. 완공되지 않은 건물이라도 기둥과 지붕, 주벽으로 이루어지는 독립된 부동산으로의 요건을 갖추면 법정지상권이 성립된다.

법정지상권은 그 성립 여부에 따라 토지 위의 건축물에 대한 보존이 결정되므로 법정지상권 성립 여부에 대한 상세 분석을 통해 법정지상권이 성립하지 않는 토지에 대한 경매 투자로 수익 창출이 가능하다.

타인의 토지에 설치된
분묘에 대한 분묘기지권

분묘기지권이란 타인의 토지에 매장된 분묘가 설치된 경우 그 분묘 부지와 그 부지를 넘어 이를 수호하고 관리하기 위한 일정 범위에 미치는 관습법상의 물권을 말한다. 분묘기지권도 법정지상권과 유사하게 성립요건을 따져 성립하지 않는 경우 토지 소유자가 분묘의 철거를 요청하면 철거해야 한다.

토지 소유자의 승낙을 얻어 분묘를 설치한 경우, 토지 소유자의 승낙이 없었어도 분묘 설치 이후 20년간 평온·공연하게 점유해 시효 취득한 경우, 그리고 분묘를 설치한 토지 소유자가 특약 없이 토지 소유권을 타인에게 양도한 경우에는 분묘기지권이 성립한다.

채권 변제 시까지 물건을
돌려주지 않는 유치권

유치권은 타인의 물건 또는 유가증권을 점유한 자가 그 물건에 관한 채권의 변제기에 있는 경우 그 변제 완료 시까지 물건을 돌려주지 않고 유치할 수 있는 담보물권을 말한다.

유치권이 성립하기 위한 요건으로는 타인의 물건 또는 유가증권을 적법하게 점유해야 한다. 그 점유는 간접점유도 유효하나 간접 점유자가 점유를 잃으면 유치권도 소멸된다. 또한 채권과 목적물간의 견련관계가 있어야 한다(유치권의 원인이 되는 채권이 유치물로 인한 것일 것). 그 밖에 채권의 변제기가 도래하고, 유치권의 발생을 배제하는 특약이 없어야 유치권이 성립으로 인정받을 수 있다.

물건의 보존·관리를 위한 지출 비용인 필요비는 유치권이 성립하지 않고, 물건의 개량 및 가치 증대를 위한 지출 비용(유익비)에 대해서만 성립하게 된다.

경매절차가 진행 중인 부동산에 대해 유치권자가 반드시 유치권에 대한 권리신고를 할 필요는 없으나, 실무적으로는 경매절차 중 유치권 신고를 하지 않은 경우 이후의 판결에서는 유치권자가 유치권 신고하지 않은 것이 상대적으로 불리하게 작용할 수 있다.

유치권 소송에서 승소하는 경우 유치권을 이유로 목적물에 대한 경매 집행은 가능하나 매각대금에 대한 우선변제권은 없다. 유치권자는 매각대금을 유치할 권리만 있고, 그 대금에서 우선변제를 받을 수 있는 권리는 가지지 못한다.

유치권의 행사는 공사대금 채권 소멸시효(3년)에 영향을 미치지 않으므로 시효로 인해 소멸되며, 공사업자가 부동산 소유주의 재산상태가 어려운 점을 알거나 알 수 있었던 정황에서 실행한 공사채권에 대해서는 유치권을 인정하지 않는다.

실무에서는 경매 부동산에 신고된 유치권의 약 90% 이상이 허위 유치권이라고 하기도 하지만 유치권 자체가 워낙 실체를 파악하기 힘들고, 신고하는 사람에 따라 악용할 소지가 있는 것이므로 유치권이 신고된 부동산에 대한 투자는 신중히 접근해야 한다.

잡소리

권리분석을 위한 주요 권리

이 내용은 경매 투자하는 사람이 가장 늦게 알아도 되는 내용 쪽에 가깝다. 가압류를 제외한 다른 권리들은 최고가 매수인의 소유권을 빼앗아갈 수도 있고 큰 손해를 입힐 수도 있다. 따라서 처음 부동산 경매를 접하는 사람이라면 조심스러운 접근이 필요하다. 초보자에게는 그에 맞는 물건이 있다. 아무리 좋아 보여도 감당할 능력을 갖추지 못했다면 시도하지 말아야 한다. 부동산에도 궁합이 있다. 잘할 수 있다고 생각하는 것과 실제로 잘하는 건 분명 다른 일이다.

각 권리의 개념과 의미에 대해서는 알아둘 필요가 있으니 여러 번 읽어서 해당 권리가 무엇을 의미하는지는 숙지해놓는 게 좋다.

부동산과 관련된 권리에는 소유권을 가져와도
제대로 행사할 수 없거나 심한 경우
소유권을 빼앗기는 문제를 일으키는 권리도 있다.
말소기준권리일보다 늦은 권리는
대부분 경매매각으로 소멸되지만
가처분이나 유치권 등은 그렇지 않은 경우도 있다.

물권과 채권의 관계
이해하기

처음 부동산 경매를 공부하는 사람들은 물권과 채권에 대한 개념을 정립하는 것을 어려워하는 경우가 많다. 단순하게 표현하면 물권은 눈에 보이는 물건에 관한 권리이고, 채권은 눈에 보이지 않는 것에 관한 권리다. 물권의 대표적인 대상이 부동산이라면 채권의 대표적인 대상은 바로 돈이다. 쉽게 말해 부동산 등이 엮이지 않은 상태에서 돈과 관련된 모든 것은 그냥 채권이라 생각하면 된다. 또한 채권은 내용에 제한이 없지만 반드시 실천 가능한 것이어야만 효력이 있다.

물건 또는 재산권을
직접 지배하는 물권

물권이란 특정한 물건 혹은 재산권을 직접적·배타적으로 지배함으로써 발생하는 수익을 향유할 수 있는 권리를 의미한다. 부동산과 관련된 물권은 등기를 해야 그 효력을 가지며 제3자에 대한 대항력을 가질 수 있다. 물권이 중요한 이유는 부동산 경매의 권리분석에서 일부 채권에 속하는 부분 외에는 물권이 차지하는 비중이 훨씬 더 크기 때문이다. 따라서 물권의 각 종류에 대해 명확히 익히는 것이 권리분석을 공부하는 데 많은 도움이 된다. 물권에는 점유권과 본권 2가지가 있으며 본권은 소유권과 제한물권으로 이루어진다.

점유권

점유권은 말 그대로 해당 물건을 사실상 점유하고 지배하는 권리이며, 그 지배가 법률적으로 정당하다.

소유권

본권 중 소유권은 해당 물건을 소유하고, 사용·수익 및 처분 권리까지 보유한, 물권 중 가장 강력한 권리라고 할 수 있다.

지상권

지상권이란 자기 소유가 아닌 다른 사람 소유의 토지 위에 있는 자기 소유의 건물 혹은 그 밖의 건축물 및 수목 등을 법률적으로 정당하게 소유할 수 있도록 타인의 토지를 사용할 수 있는 권리를 말한다.

지역권

특정한 목적을 위해 타인의 토지(승역지)를 자기 소유의 토지(요역지)의 편익을 위해 이용할 수 있는 권리를 말한다.

전세권

타인의 부동산을 점유해 사용하고, 그 부동산에 대해 자신보다 후순위 권리자나 기타 채권자에 앞서 전세금을 우선변제받을 수 있도록 부동산 등기사항전부증명서에 설정한 권리를 말한다.

유치권

타인의 물건이나 유가증권 등을 점유하고 있는 자가 그 물건 및 유가
증권과 관련해 생긴 채권액을 변제받을 때까지 그 물건이나 유가증권
을 채무자에게 돌려주지 않고 점유 혹은 보관할 수 있는 권리를 말한
다. 이때 채권은 변제기에 있거나 변제기를 지난 경우여야 하며, 우선
변제받을 수 있는 권리는 없다.

질권

질권은 채권자가 채권을 담보하기 위해 채무자나 제3자로부터 받은
물건을 점유하고, 채무를 변제할 때까지 보관할 수 있는 권리를 말한
다. 유치권과 유사하지만, 유치권은 해당 물건이나 유가증권과 관련
해 생긴 채권이어야 하는 반면 질권은 그렇지 않아도 된다는 점이 조
금 다르다. 또한 질권은 채무의 변제가 없는 경우 보관하고 있는 물건
으로부터 우선적으로 변제받을 수 있다.

저당권

채무자 및 제3자가 채무액의 담보를 위해 제공한 부동산 및 그 밖의
물건에 대해 후순위 권리자나 기타 채권자보다 우선변제를 받을 수
있는 약정담보물권을 말한다. 흔히 은행에서 대출을 받은 뒤 그 채무
액의 담보를 위해 자기나 제3자의 부동산을 담보로 제공하고, 여기에
(근)저당권을 설정한다.

기타

관습법상 인정되는 물권으로 법정지상권, 분묘기지권 등 등기되지 않는 권리들이 있다.

채무자에게 변제를 요구할
채권자의 권리, 채권

채권은 채권자가 채무자에게 채무액을 갚도록 청구할 수 있는 권리를 말한다. 차용증, 약속어음, 당좌수표, 임대차 계약서 등의 채권증서 및 서류를 이용해 채무자에게 상환을 하라고 요구하는 권리다. 채권은 등기되지 않으며 상대적이고 비배타적인 권리다.

물권과 채권 간의 관계를
제대로 이해하자

물권은 배타적인 권리를 가지고 있기 때문에 특정 물건에 서로 다른 물권이 동시에 존재하는 경우 서로의 권리관계에서 우선권에 관한 문제가 발생한다. 우리나라는 동일한 물건에 같은 성질과 내용을 가진 물권이 성립할 수 없는 일물일권주의를 택하고 있기 때문에 한 개의 물건에 2개 이상의 물권이 존재하는 경우 각 물권이 성립한 때를 기준으로 해서 어떤 물권이 우선하는지의 순위가 매겨지게 된다. 그리고 우선순위를 가진 물권이 자기 권리를 만족할 때까지 후순위 권리자에 앞서 자기 권리를 행사할 수 있다.

물권과 채권 사이의 경우에는 성립한 시기에 상관없이 물권이 항상 채권에 우선하며, 채권 간의 관계에서는 성립한 시기에 상관없이 항상 같은 순위다. 이에 따라 선순위 물권은 후순위 물권 및 채권에 대해 항상 우선권을 가지며, 채권은 선순위라도 그 권리에 제한이 있어 배당 시 안분으로 타 권리자들과 평등하게 배당받게 된다.

잡소리

물권과 채권의 관계 예시

물권과 채권은 다음과 같이 정리할 수 있다.

1) 물권 간의 순위는 먼저 성립한 시기를 따른다.
2) 채권 간의 순위는 먼저 성립한 시기에 상관없이 모두 동일하다.
3) 물권과 채권 사이의 순위는 성립한 시기에 상관없이 물권이 우선한다.
4) 배당 시 물권은 흡수배당하고, 채권은 안분비율배당을 한다.

예시 1) 매각대금 1억 원을 물권 간 배당하는 경우: 선순위가 흡수배당
① 1순위: 근저당 5천만 원 → 5천만 원 배당
② 2순위: 전세권 3천만 원 → 3천만 원 배당
③ 3순위: 근저당 4천만 원 → 2천만 원 배당

예시 2) 매각대금 1억 원을 채권 간 배당하는 경우: 순위에 상관없이 안분비율배당
① 1순위: 가압류 5천만 원 → 4,167만 원 배당
  → 5천만 원 / 1억 2천만 원(5천만 원 + 3천만 원 + 4천만 원) × 1억 원
② 2순위: 가압류 3천만 원 → 2,500만 원 배당
  → 3천만 원 / 1억 2천만 원(5천만 원 + 3천만 원 + 4천만 원) × 1억 원
③ 3순위: 가압류 4천만 원 → 3,333만 원 배당
  → 4천만 원 / 1억 2천만 원(5천만 원 + 3천만 원 + 4천만 원) × 1억 원

예시 3) 매각대금 1억 원을 채권이 물권보다 먼저 등기되었을 때 배당하는 경우
① 1순위: 가압류 5천만 원 → 4,167만 원 배당
  → 5천만 원 / 1억 2천만 원(5천만 원 + 3천만 원 + 4천만 원) × 1억 원

② 2순위: 근저당 3천만 원 → 3천만 원 배당

③ 3순위: 가압류 4천만 원 → 2,833만 원 배당

※ 채권인 가압류는 안분비율배당, 물권인 근저당은 흡수배당 원칙에 의해 1순위 가압류는 안분비율로 배당을 받아가고, 2순위 근저당은 자기 채권 3천만 원을 모두 받을 때까지 3순위인 가압류의 배당금액을 흡수해서 배당을 받아간다. 3순위 가압류는 2순위 근저당에게 빼앗긴 금액을 제외한 나머지 금액을 배당받는다.

어렵다면 어렵고 쉽다면 쉽다. 뚫어지게 바라보다 보면 이해할 수 있다. 이해할 때까지, 혹은 종이가 뚫어질 때까지 째려보자.

핵심내용

- 현재의 권리분석 활동이란 각종 공부로 확인 가능한 소유권 및 용익권에 관계된 권리 외에 현장에서의 임장활동 및 탐문을 통해 파악해야 하는 보이지 않는 부분까지 포함한다.
- 말소기준권리란 부동산 경매가 진행되어 대상 부동산이 매각된 뒤에 새로운 매수인에게 소유권이 이전될 때, 매각과 동시에 말소되거나 새로운 매수인이 인수해야 하는 기준이 되는 권리를 말한다.
- 말소기준권리보다 앞서 부동산 등기사항전부증명서에 등기된 권리와 미등기된 권리는 새로운 매수인이 인수하고, 말소기준권리보다 늦게 등기된 권리와 미등기된 권리는 말소된다. 다만 예외적으로 말소기준권리보다 앞선 권리 중 소멸되는 것도 있고, 말소기준권리보다 늦더라도 인수해야 하는 권리도 있다.
- 우선변제권이란 경매 등의 사건으로 인해 임대차가 강제적으로 종료되었을 때 임차인의 보증금을 후순위 권리자보다 우선해서 받을 수 있는 권리를 말한다.
- 임차인의 경우 임대차 기간에 보증금을 증액하면 증액한 부분에 대해서만 확정일자를 다시 받아야 한다.

- 최우선변제권은 순위에 상관없이 다른 권리자보다 우선해서 배당받을 수 있는 권리를 말한다. 최우선변제권은 소액 임차인을 보호하기 위해 특별히 부여하는 권리이므로 임차인의 모든 보증금을 돌려주는 것은 아니다.
- 권리분석을 위한 주요 권리로는 대지권 미등기, 별도 등기, 가압류, 가처분, 가등기, 법정지상권, 분묘기지권, 유치권이 있다.
- 물권이란 특정한 물건 혹은 재산권을 직접적·배타적으로 지배함으로써 발생하는 수익을 향유할 수 있는 권리를 의미한다. 우리나라는 일물일권주의를 택하고 있어 한 개의 물건에 2개 이상의 물권이 존재하는 경우 각 물권이 성립한 때를 기준으로 해서 어떤 물권이 우선하는지의 순위가 매겨지게 된다. 물권과 채권 사이에서는 성립한 시기에 상관없이 물권이 항상 채권에 우선하며, 채권 간의 관계에서는 성립한 시기에 상관없이 항상 같은 순위다.

4장

입찰하기 전에
확인해야 할 것들

$

✓ 부동산 경매 투자를 위한 준비

✓ 경매 부동산 관련 서류 검토하기

✓ 현장에서 확인해야 할 사항은 무엇일까?

부동산 경매
투자를 위한 준비

경매에 나온 부동산을 살 때 중요한 것은 크게 2가지로 나눌 수 있다. 첫째는 아무 문제없이 소유권을 가져올 수 있는지에 대한 여부이고, 둘째는 그럴 만한 가치가 있는 부동산인지에 대한 여부다.

첫째, 소유권을 이상 없이 가져올 수 있는지에 관한 것은 부동산 등기사항전부증명서 등 해당 부동산과 관련된 기존 서류(공적 장부)의 분석을 통해 알 수 있다. 하지만 소유권만 가져온다고 해서 끝이 아니다. 투자자가 적정하다고 판단하는 가격에 가져오려면 공적 장부에 등기된 권리분석 외에 등기되지 않은 권리도 함께 분석해야 한다. 등기되지 않은 대표적인 권리로는 임차인의 대항력과 유치권 등이 있

4장 입찰하기 전에 확인해야 할 것들

다. 이런 등기되지 않은 권리는 소유권에 문제를 일으키지는 않지만 예상치 못한 비용을 지출해 투자자가 손해를 볼 수 있기에 주의해서 확인해야 한다.

소유권과 관련된 권리는 경매 부동산과 관련된 각종 공적 장부와 법원의 현황조사서 등의 문서로 대부분 파악 가능하다. 따라서 현장 확인을 하기 전에 먼저 서류조사를 철저히 해 소유권과 관계된 해결하기 어려운 문제는 없는지, 또 비용이 추가될 수도 있는 문제가 있지는 않은지를 사전에 파악해둬야 한다.

둘째, 경매로 매수할 만큼 가치가 있는 부동산인지는 현장조사를 통해 판가름 난다. 경매 부동산의 현황은 법원소속 집행관이 작성한 현황조사서를 통해 대략적으로 알 수 있지만 시세나 실제 이용현황에 대한 세밀한 분석은 투자자가 직접 확인해야 한다. 집행관의 조사 당시에는 특이점이 없었으나 이후 부동산에 이상이 생겼거나 하는 등의 문제가 발생했을 수도 있기에 투자자의 현장 방문은 필수다. 현장 방문을 통해 얻을 수 있는 장점으로는 낙찰 이후 점유자를 내보내는 (명도) 협상의 난이도 등을 사전에 파악할 수도 있고, 관리비 등의 미납 여부도 부가적으로 파악 가능하다. 또한 내부 확인을 할 수 있게 되면 매수 이후 수리를 해야 할 부분과 예상 비용까지도 어느 정도 유추할 수 있기에 경매를 하려면 현장 방문은 필수적이다.

잡소리

경매 투자자의 성향

부동산 경매를 시작하는 사람들은 대개 두 부류다. 하나는 하는 둥 마는 둥 하는 사람이다. 계획은 그럴듯하게 세웠는데 계획대로 이행하는 건 하나도 없다. 계획서의 내용은 매번 다음으로 미뤄진다. 경매 교육도 신청하고 경매 책도 여러 권 주문해서 보기는 하는데 별 진전이 없다. 그냥 재테크를 해야 한다는 생각만 있을 뿐 구체적인 목표나 간절함은 그다지 없다. 그렇게 시간을 보내다가 부동산 경매가 그리 만만치 않다거나 자신과 맞지 않는다는 핑계 좀 대다가 다른 재테크에 관심을 갖는다. 그러고는 새로운 재테크를 공부하러 떠난다. 필자가 본 대부분의 사람은 이랬다.

다른 부류는 처음부터 너무 열정적이다. 하루 종일 부동산 경매에 대해 생각하고 찾아보고 공부한다. 관심이 많은 만큼 단시일에 많은 지식을 머릿속에 쌓는다. 이런 사람들은 그 열정을 해소할 수 있는 경매 물건을 빨리 낙찰받아야 한다. 그렇지 않으면 그 열정이 금방 식어버린다. 열정에 어울리는 일이 주어지고 결과에 따라 소액이라도 수익이 나면 그 열정은 더욱 커지지만 시간이 지체되면 다른 곳으로 분출된다. 이 부류도 결국 다른 곳으로 관심을 돌리는 것이다.

어떤 성향을 가진 사람이 부동산 경매로 수익을 만들고 성공할 수 있는가? 그건 알 수 없다. 부동산 경매의 성공은 성향으로 달라지는 것 같지는 않다. 포기하지 않고 계속하는 사람이 성공할 확률이 높다는 것만 안다. 물론 포기하지 않고 계속해도 성공하지 못할 수도 있지만 말이다.

처음에 철저히 공부하고 모든 것을 다 익히고 투자를 시작하면 좋겠지만, 그러려면 시간이 너무 오래 걸리고 골치만 아플 수 있다. 또 공부하다 보면 이것도 걱정되고 저것도 걱정되어 결국 시작도 못하고 포기할 수도 있다. 적당히 공부하고 적당히 실전에 나서는 행동력이 필요하다. 기본적인 공부만 마치고 나머지는 실제 투자를 하는 과정에서 몸으로 익히는 게 효율적이다. 모든 것을 알려고 하는 것처럼 미련한 것도 없다. 하나를 알아도 제대로 알고, 실제 투자에서 적용할 수 있는 지식으로 만들면 된다. 여러 개를 대충하는 것보다 하나만이라도 정확히 알고 제대로 활용해야 돈을 벌 수 있다.

대충 알고 지나가면 나중에 크게 후회할 일이 생긴다. 모르는 것은 그때그때 공부하고 주변에 물어봐서 익히면 된다. 대충 보고 지나치려 하지 말고 하나라도 정확히 알아가며 투자과정에서 경험을 통해 지식을 늘려가는 것이 최선의 부동산 경매 공부방법이다.

주변에서 볼 수 있는 부동산 경매를 잘하는 사람들도 처음 시작할 때는 모두 똑같다. 모르는 것투성이고 겁나는 것투성이였다. 하지만 그 과정을 지나자 이제는 주변에서 그들의 성공을 부러워한다. 누구든 제대로 된 준비를 하면 얼마 지나지 않아 그렇게 될 수 있다.

부동산 경매 투자를 하기 위해 우리가 준비해야 하는 것은 어떠한 편견이나 부정적인 생각이 아니라 나도 할 수 있다는 강한 믿음이다. '내가 투자를 해도 될까?'라는 의구심에 주변에 아무리 물어봐도 우리 주변 사람들에게서는 긍정적인 답을 듣기가 어렵다. 어쩌면 당연할지도 모른다. 부동산 경매를 해보지 않은 주변 사람들은 자신이 해보지 않은 일에 대해 조언해줄 수 있는 게 그리 많지 않기 때문이다. 그러므로 '된다'라는 말보다는 부정적이거나 조심해서 하라는 말이 대부분일 게 뻔하다. 주변에 조언을 구할 시간에 차라리 부동산 경매 용어라도 하나 더 익히는 게 남는 장사다.

적당히 공부하고 적당히 실전에 나서는
행동력이 필요하다.
기본적인 공부만 마치고
나머지는 실제 투자를 하는 과정에서
몸으로 익히는 게 효율적이다.

경매 부동산 관련 서류
검토하기

경매 부동산을 둘러싼 서류를 검토하는 가장 큰 목적은 소유권을 안전하게 인수하고 낙찰자가 인수한 뒤에 책임져야 할 부분이 있는지를 확인하는 것이다. 낙찰자가 책임져야 할 부분은 인수해야 할 임차인의 권리, 유치권, 그리고 불법증축으로 인한 원상복구 관련 문제 등으로 나눌 수 있다.

우선 소유권과 관련된 위험을 확인하기 위한 서류에 대해 살펴보고, 낙찰자가 책임져야 할 권리, 불법건축물의 원상복구와 관련된 내용을 살펴보도록 하겠다.

소유권과 관련된 위험
확인하기

1) 소유권이전 청구권 가등기

경매로 부동산을 매수할 때 소유권을 온전히 가져오지 못할 위협은
대부분 선순위 가등기 부분에서 발생하게 된다. 가등기는 담보 가등
기와 소유권이전 청구권 가등기로 나뉜다. 이 중 담보 가등기는 경매
진행 시에 저당권과 동일하게 취급되어 순위에 따라 배당을 받고 말
소된다. 반면 소유권이전 청구권 가등기는 순위 보전의 효력이 있기
에 부동산 등기사항전부증명서상의 말소기준권리보다 앞선 권리는
말소되지 않고 남게 된다. 이후 소유권이전 청구권 가등기권자가 그
권리를 이용해 소유권을 이전하면 낙찰자는 소유권을 빼앗기게 된다.
이것이 소유권이전 청구권 가등기의 문제점이다.

　과거에는 부동산 등기사항전부증명서에 가등기를 기재할 때 담보
가등기인지 소유권이전 청구권 가등기인지를 구분하지 않고 전부 소
유권이전 청구권 가등기라고 등기했다. 최근 들어 소유권이전 청구권
가등기와 담보 가등기를 등기부에 구분해 기재하도록 하고 있으나 실
무적으로는 여전히 구분 없이 소유권이전 청구권 가등기로만 기재되
고 있다.

　경매를 진행하는 법원에서는 가등기가 있는 부동산의 경우 가등기
권자에게 담보 가등기인지 소유권이전 청구권 가등기인지를 배당요
구 종기일까지 신고하라고 안내(최고)하고 있으나 강제 조항이 아니기

에 한계가 있을 수밖에 없다. 결국은 선순위 가등기가 있는 부동산은 가등기권자가 자진해 신고한 내역이나 담보 가등기로서 배당을 받기 위해 채권계산서를 제출했는지 정도만 확인이 가능할 뿐이어서 특히 조심해야 한다.

만일 낙찰자가 잔금을 납부했음에도 불구하고 소유권이전 청구권 가등기권자의 권리 행사로 인해 소유권을 상실하게 되는 경우, 낙찰자는 이전 채무자 혹은 채권자들이 받은 배당금액에 대해 구상권을 행사해 돌려받을 수 있는 절차가 있기는 하다. 하지만 실무적으로는 돌려받기 어려운 일이므로 가등기가 기재되어 있는 부동산에 입찰할 때는 주의해야 한다.

2) 처분금지 가처분

정당한 절차로 낙찰받았음에도 소유권을 빼앗길 우려가 있는 두 번째 문제는 부동산 등기사항전부증명서에 처분금지 가처분이 기재되어 있는 경우다. 가처분의 '가(假)'는 '임시'의 의미로, 잠깐 해당 부동산의 매매를 금지하는 조치가 있다는 것이다. 풀어 설명하면 현재 해당 부동산에 관해 문제가 있어 별도의 소송(본안소송)을 하는 중이니 그 소송의 결과가 나올 때까지는 해당 부동산과 관련된 처분을 금지한다는 것이다.

처분금지 가처분이 말소기준권리보다 선순위이면 낙찰자가 인수해야 한다. 또 후순위이면 말소되는 것이 원칙이지만 본안소송의 원인이 진정한 소유권의 다툼을 벌이는 것이라면 말소되지 않고 낙찰자가 인수해야 한다. 따라서 말소되지 않고 낙찰자가 인수하는 가처분은 별도로 진행되는 본안소송에서 가처분권자가 승소하는 경우 소유권을 상실하게 될 수도 있다.

만일 처분금지 가처분이 있는 부동산이 경매로 진행된다면 낙찰자가 인수해야 하는 것인지 본안소송에서 다투는 내용이 소유권에 관한 다툼인지 또 현재 어떤 상태인지를 면밀히 파악해서 입찰 여부를 결정해야 한다.

낙찰자가
책임져야 할 권리

1) 대항력 있는 임차인

집행관은 경매가 진행되는 부동산을 방문해 부동산의 종합적인 현황을 조사하게 된다. 이때 임차인의 유무도 조사 대상이 된다. 임차인이 대항력(주택의 인도+전입신고)을 갖추고 확정일자를 받아서 우선변제권이 있다면 그 순위에 따라 배당에 참여해 보증금을 돌려받는다. 이후 부동산 등기사항전부증명서상의 말소기준권리보다 늦은 후순위 임차인은 보증금을 다 돌려받았는지를 불문하고 말소되므로 크게 신경 쓰지 않아도 된다. 후순위 임차인은 낙찰자에게 대항하지 못하는 것이다. 다만 선순위 임차인은 배당에서 다 돌려받지 못한 보증금을 낙찰자에게 받을 수 있다. 즉 말소기준권리보다 앞선 선순위 임차인이 돌려받지 못한 보증금은 낙찰자가 인수해야 한다. 또한 대항력은 있으나 확정일자가 없거나 늦어서 배당에 참여하지 못한 선순위 임차인의 보증금은 낙찰자가 전액 인수해야 한다. 따라서 임차인에 대한 권리분석은 아주 주의 깊게 실시해야 한다.

경매에 들어간 부동산은 경매 진행 중인 내역만으로 주민센터에서 해당 부동산을 점유 중인 사람에 대한 세대열람이 가능하다. 그러므로 확실한 임차인 조사를 위해서는 집행관의 현황조사서만 믿지 말고 추후 현장 방문 시에도 다시 한 번 확인해야 한다.

2) 유치권

유치권이란 타인의 물건이나 유가증권에 대해 받을 돈(채권)이 있는 자가 그 채권을 변제받을 때까지 그 물건이나 유가증권을 점유(유치)할 수 있는 권리를 말한다. 이를 부동산 경매에 적용하면 타인의 부동산에 대해 발생한 채권(공사대금 등)을 받지 못하는 경우 그 채무가 상환될 때까지 해당 부동산을 점유(유치)할 수 있는 권리가 유치권이다.

유치권은 법률에서 인정하는 법정담보 물권이기 때문에 유치권자는 어느 누구에 대해서든 그 권리를 주장할 수 있고, 진실한 유치권인 경우 그 대상물을 매수하는 자는 유치권과 관련된 채권을 변제할 책임이 생긴다.

유치권은 목적물(피담보채권)의 소유자가 누구든지 상관없이 유치된 목적물에 대해 발행한 채권이면 충분하다. 유치권은 유치한 목적물에 지출한 비용상환 청구권(필요비, 유익비)에 한해 발생하게 되며,

160

목적물로부터 받은 손해배상 청구권이 존재한다.

유치권은 받을 채권이 변제기에 있어야 하고 적법하게 점유하고 있어야 하며 당사자끼리 유치권의 발생을 배제하는 특약이 없어야 한다. 유치권자는 채무를 변제받을 때까지 목적물을 유치할 수 있다. 이때 채무 변제를 받기 위해 목적물에 대해 경매를 신청할 수 있으나 우선변제권은 없다. 즉 유치물을 처분한 금액에 대해 배당을 받거나 나눠 가질 권리는 없다. 다만 목적물에서 발생하는 과실을 다른 채권자보다 우선해 채권 변제에 사용할 수 있고, 목적물의 보존에 필요한 범위 내에서 이를 사용할 수 있다. 유치한 목적물이 멸실 혹은 소멸되면 유치권도 소멸되고, 유치권자가 그 점유를 상실하는 경우 유치권도 소멸된다.

투자를 위해 유치권의 성립 여지가 있는 경매 부동산에 입찰하려는 경우에는 먼저 집행관이 작성한 현황조사보고서와 유치권 권리신고 내역을 검토해 유치권의 진정성을 파악한 뒤에, 유치권에 대한 현장조사와 함께 유치권자를 만나 사건을 파악해볼 필요가 있다.

일반적으로 유치권은 90% 이상이 가짜라는 말이 있기는 하지만 10%의 가능성으로 인해 큰 손해를 입을 수도 있으니 입찰 전에 철저한 조사가 선행되어야 한다. 현장조사를 통해 해결 가능한 유치권인지에 대한 정확한 판단 후에 입찰을 해도 늦지 않다. 허위 또는 가장 유치권이라는 심증이 가도 이를 서류 등의 증빙으로 입증할 수 없다면 입찰에 신중을 기해야 한다. 만일 허위 유치권임을 입증할 자신이 있다면 이를 조건으로 유치권자와 협상을 통해 풀고 더불어 사문서

위조, 사기 및 경매입찰 방해죄 등으로 적절한 법적 조치를 함께 진행하도록 한다.

불법건축물의
원상복구

불법건축물이란 「건축법」 및 「주택법」의 규정을 위반해서 추가로 건축한 건물을 의미한다. 경매에 나온 부동산의 경우 종종 불법건축물로 등록되어 있는 경우가 있는데 해당 부동산의 건축물대장에서 확인할 수 있다. 해당 부동산이 소재한 지역의 시청 및 군·구청 건축과에 문의하면 좀 더 상세한 내역과 원상복구해야 할 범위 등을 알 수 있다.

불법건축물로 적발되면 30일의 시정기한을 둔 시정명령, 20일의 시정독촉 및 10일간의 이행강제금 부과 계고를 거쳐 고발 및 이행강제금을 부과하게 된다. 이행강제금 부과는 1년에 2회까지 할 수 있다.

경매로 부동산에 관한 불법사항은 매수자가 원상회복의 의무를 지게 되므로 추가 비용 지출의 부담이 발생한다. 따라서 불법건축물에 입찰 여부를 결정하는 경우 원상회복의 용이성과 추가 비용의 계산을 사전에 충분히 검토해야 한다.

불법건축물의 주요 유형으로는 베란다 확장공사, 다락방을 확장해 복층으로 개조하는 행위, 옥상에 옥탑방을 설치하는 행위, 용도를 무단 변경해 (사무실을 오피스텔로) 임대하는 경우, 다세대주택을 쪼개어

● 불법건축물 이행강제금 부과 기준

위반 내용	현행	개정
건폐율 초과	건축물 시가표준액×50/100×위반면적	건축물 시가표준액×50/100×위반면적×80/100
용적률 초과		건축물 시가표준액×50/100×위반면적×90/100
허가를 받지 않은 경우		건축물 시가표준액×50/100×위반면적×100/100
신고를 하지 않은 경우		건축물 시가표준액×50/100×위반면적×70/100

둘 이상에게 불법 임대하는 경우, 단독주택을 원룸 등으로 쪼개어 불법 임대하는 경우, 주차공간에 창고 혹은 추가 주거공간 증축, 그리고 취사가 불가능한 고시원 등에 개별 취사시설 설치 등을 들 수 있다.

불법건축물은 이행강제금 부과 기준에 따라 각 지방자치단체별로 조례를 정해 이행강제금을 부과한다. 상습 위반자에게는 50/100 이내에서 이행강제금을 가중할 수도 있고, 상황을 고려해 50/100 이내에서 감경할 수도 있다.

4장 입찰하기 전에 확인해야 할 것들

잡소리

다른 사람과 함께하자

권리분석을 하는 이유는 경매 부동산을 샀을 때 따라올 위험이 있는지를 알아보기 위한 것이다. 경매 부동산은 흠집이 있는 부동산이기 때문이다. 하지만 99%의 경매 부동산은 경매 매각으로 흠집이 완벽하게 치료된다. 그러니 권리분석을 잘 못한다고 염려할 필요 없다. 부동산 경매를 하는 상당수의 사람들이 권리분석을 잘 모른다. 10년 전까지만 해도 부동산의 꽃은 권리분석이라거나 배당이라는 말이 있었다. 지금은 명도가 부동산 경매의 꽃이라는 말도 있다. 부동산 경매에 무슨 꽃이 그리 많은지 모르겠다. 예전에는 부동산 경매를 사과에 비유하기도 했다. 경매에 나온 부동산은 흠집 난 사과인데 그 흠집만 제거하면 엄청 맛있다는 말이다. 실제로 그런지는 모르겠다. 사과는 그냥 사과다.

실제로 어떤지와 상관없이 누군가 위험하다고 경고하면 굉장히 두렵게 느껴진다. 그런데 물에 빠져 죽을 것이 염려되어 물가에 가지 말라고 하면 수영은 어떻게 배울까? 구더기 무서워서 장 못 담글까? 편하게 생각하라는 뜻이다.

위험을 경고하는 건 꼭 엄청나게 위험해서가 아니라 위험할 수도 있기 때문이다. 물가에 가면 반드시 빠져 죽는 게 아니라 가능성은 거의 낮으나 그럴 수도 있으니 미리 조심하라는 것이다. 미리 조심하고 대비하면 아무 문제없다. 위험을 피해 돈을 벌 수 있다는 말이다. 위험하니까 하지 말라는 의미로 받아들이지 마라. 그러면 평생을 지금처럼 살아야 한다. 만족스럽다면 상관없지만 만족스럽지 못하다면 죽을 때 후회할 것이다.

'집단지성'이란 말이 있다. 여럿이 모여 힘을 합치면 혼자 하는 것보다 월등히 나은 결과를 얻는다는 말이다. 혼자서 어렵다면 주변에서 잘하는 사람에게 도움을 청하면 된다. 그러기 위해서는 방에 처박혀서 혼자 공부하지 말고 인맥을 만들어라. 부동산 경매 카페에 가입해서 글을 쓰며 도움을 청하고, 일부러라도 오프라인 경매 교육도 받아보는 게 좋다. 인터넷이 잘 되어 있다고 인터넷 무료 강의만 들으면 어떨까? 물론 좋다. 그러나 거기에서 사람을 사귈 순 없다. 또 잘못된 정보를 사실로 알고 실수할 염려도 있다. 그러니 도움과 자극을 받을 수 있는 동반자를 만들어 함께하는 게 좋다. 모든 일이 다 그렇지만 특히나 부동산 경매는 사람과의 만남, 그리고 대화의 연속이다. 어쩌면 만남으로 시작해 만남으로 끝난다고 해도 맞는 말일지 모른다. 낯선 사람과 만나는 걸 싫어하는 사람이라도 부동산 경매를 하려면 만남에 익숙해져야 한다. 혼자 하면 쉽게 지친다.

권리분석을 하는 이유는

경매 부동산을 샀을 때 따라올

위험이 있는지를 알아보기 위한 것이다.

경매 부동산은 흠집이 있는 부동산이기 때문이다.

현장에서 확인해야 할
사항은 무엇일까?

부동산의 가장 큰 특징은 부동성(不動性)이다. 부동산은 물건이긴 하나 움직일 수 없으니 사려면 물건이 있는 곳으로 가서 직접 확인해야 한다. 특히 경매에 나온 부동산은 하자가 있을 가능성이 높으니 현장에서 해당 부동산의 특징과 문제점을 정확히 파악해야 한다. 규격화된 부동산인 아파트 등의 시세는 인터넷으로 쉽게 파악할 수 있으나, 향후 임대를 줄 임차인의 수요가 풍부한지는 현장 방문을 하지 않고는 파악하기 어렵다. 또한 수리를 얼마나 해야 할지, 점유자 명도가 쉬울지 등도 현장에서 파악해야 하는 문제이므로 경매로 부동산을 살 때는 반드시 현장을 방문해 탐문조사를 한 뒤 입찰 여부를 결정해야 한다.

부동산의 시세
알아보기

부동산 경매에서 가장 중요한 것은 가치 있는 부동산을 적당한 가격에 사는 것이므로 이를 성공시키기 위해서는 여러 차례 현장을 방문해 정확한 시세를 파악해야 한다. 우선 관심을 가지는 부동산의 감정평가가격과 현 시점의 최저매각가격을 인터넷에 나온 시세와 비교해 1차로 적정 시세를 파악하면 좋다. 이후 중개업소 등을 방문해 실제 현장에서 거래되는 현장 시세를 알아보고 최종적인 적정 시세를 알아볼 필요가 있다.

정확한 거래(임대)시세를 파악한 뒤에는 사설 부동산 경매 정보사이트에서 제공하는 과거 유사사례의 매각가격 및 매각가율을 참조해 최종 입찰할 가격을 결정하도록 한다. 경매란 동일한 물건의 입찰에 참여하는 사람들이 제시하는 금액 중 가장 높은 금액을 쓴 사람이 낙찰받는 것이다. 따라서 싸게 사려는 마음만 가지고 무조건 낮은 입찰가격만을 고수하면 안 된다. 내 눈에 좋은 부동산은 누구에게든 좋을 수 있으므로 경쟁 입찰이라는 점을 고려해 자신이 감당 가능한 최고의 가격까지도 염두에 두는 것이 좋다. 우연히 최저가격으로 낙찰받는 경험이 생길 수도 있으나 우연은 반복되지 않는다. 철저한 현장조사를 통해 낙찰받을 수 있는 최적의 가격으로 입찰해야 한다. 당장은 비싸 보일 수 있지만 가치 있는 부동산은 감정가격보다 싸게 사는 것만으로도 좋은 투자가 될 수 있다.

추가 부담 비용
고려하기

1) 관리비

경매에 들어간 부동산에 거주하는 점유자(소유자, 임차인)는 흔히 관리비를 연체한다. 새로운 매수인이 낙찰받기 이전에 발생한 관리비 등은 원칙적으로 이전 점유자가 부담해야 하지만 실제로는 해당 관리비의 청산은 흔히 낙찰자의 몫으로 남는 경우가 많다. 낙찰자는 이 점을 고려해 점유자를 내보낼 때 관리비를 협상의 대상으로 삼기도 한다. 그럼에도 불구하고 점유자들은 보통 관리비를 부담하기 싫어하면서 이사비를 받으려는 생각만 하기 십상이다. 따라서 이 부분에 대비하기 위해서라도 현장 방문 시 관리비 미납액에 대해 명확히 파악해두어야 한다. 관리비는 흔히 공용부분과 전용부분으로 나뉘는데, 낙찰자가 관리비의 일부라도 부담해야 하는 입장이라면 공용부분만 부담하면 된다.

그 밖에 소유권을 가져오기 전에 발생한 전기, 가스 등의 비용은 소유권이전 시기에 대한 부분을 명확히 밝히면 낙찰자가 특별히 부담할 것은 없으니 크게 고려하지 않아도 된다.

2) 이사비

법적으로 보장된 이사비는 없으나, 대부분은 쫓겨 나가는 점유자가 안됐다는 생각과 조금이라도 빨리 명도하고 싶은 생각이 뒤섞여 낙찰자가 선의로 제공하는 금액이다. 대개 강제집행 비용을 고려해 최대 평당 10만 원 내로 이사비를 염두에 두고 처음부터 입찰 예산안에 포함해두는 것이 좋다. 이사비는 투자자에 따라 많고 적음에 대한 편차가 큰 만큼 절대 기준으로 삼을 수 있는 것이 없으므로 상황에 따라 가감하면 될 것이다.

3) 부동산의 이용현황

경매 부동산의 내부를 확인해서 대략적인 수리비용을 추계해볼 필요가 있다. 직접 수리할 능력을 갖추지 않은 이상 대부분의 투자자는 전문 수리업자에게 수리를 맡기게 되는데, 수리할 곳이 많을수록 투자자의 수익이 감소하는 원인이 되므로 해당 부동산의 내부 확인은 필수라고 할 수 있다. 입찰가격을 산정할 때 수리비용도 어느 정도는 감안해야 하는데 내부 확인을 할 수 없는 부동산은 요행을 바랄 수밖에 없기 때문이다.

어느 정도 경험이 있는 투자자라면 옆집을 방문하거나 주변을 탐문해 경매에 나온 부동산의 내부를 어느 정도 간접조사한 뒤 입찰할 수도 있을 것이다. 초보자인데 내부 확인이 불가능하다면 차라리 입찰을 하지 않는 것이 현명한 선택이 될 수도 있음을 알아야 한다. 무리하게 내부를 확인하지 못한 상태에서 위험을 감수할 필요는 없다.

용도가 주택으로 되어 있는데 내부 전체에 쓰레기만 가득 차 있다던가, 서류상으로 오피스텔 용도인 것만 확인하고 낙찰받았는데 나중에 확인해보니 창고로 사용하고 있고 내부에 옵션이 전부 없어서 당황스러웠다는 등의 사례는 우리와 상관없는 이야기가 아니다. 제대로 확인하지 않으면 바로 그게 우리 이야기가 될 수도 있다.

사람에 따라
명도의 난이도가 다르다

현장 방문을 하면 가능한 한 점유자를 만나 대화를 나눠야 한다. 이 대화를 통해 점유자의 현재 생각과 향후 일의 진행 방향 등을 어느 정도 가늠할 수 있기 때문이다.

경매 진행과정 중 대부분의 일이 협상이다. 사람과 만나 대화하고 풀어가야 하는 일이기에 상대방이 어떤 성향을 지닌 사람인지에 따라 같은 부동산이라도 일이 쉬워질 수도 있고 두고두고 골치를 썩이는 일이 될 수도 있다. 따라서 입찰을 하려는 부동산에 점유자가 거주한다면 여러 차례 방문을 해서라도 만나보는 것이 좋고, 그러기 힘들다면 주변 탐문을 통해 간접적으로라도 점유자의 성향을 파악해봐야 한다. 특히 경매를 많이 해보지 않은 투자자라면 점유자와의 만남은 필수로 생각해두어야 한다. 초보자의 입장이라면 낙찰받고 만나는 것보다 먼저 만나서 협상의 난이도를 고려해보고 낙찰 시 어떻게 대응할지 구상해두는 것도 좋은 방법이다.

잡소리

경매 투자의 성공은 현장조사에 달려 있다

솔직히 주거용 부동산의 시세는 현장에 나가지 않아도 다 확인할 수 있다. 부동산 관련 사이트들이 잘 되어 있기 때문에 클릭 몇 번으로 거의 정확한 시세를 알 수 있다. 그러니 시세를 파악하러 현장에 나간다는 건 이제 틀린 말일 수도 있다. 또 점유자가 밀린 관리비 등도 전화해서 물어보면 웬만큼 알아낼 수 있다. 전화로는 말해주지 않는다는 일부 지독한 관리자가 아니고서는 대부분은 그냥 말해준다.

문제는 그 부동산 자체가 현재 어떤 상황인가에 있다. 얼마나 노후화되어 있고 어디를 얼마나 수리해야 할지, 또 점유자가 어떤 성향을 지니고 있어서 향후 낙찰을 받으면 어떻게 내보내야 할지 등에 대한 것은 집에 앉아서 전화로 알아낼 수 있는 내용이 아니다. 결국은 현장을 찾아가봐야 한다. 그리고 현장에 찾아가는 김에 이왕이면 시세도 확인하고 관리사무실에도 가보는 것이다.

특정 부동산에 입찰을 할 때는 보통 수리비도 감안해서 입찰가격을 정한다. 이때 내부를 확인한 사람과 확인하지 못한 사람 사이에는 엄청난 차이가 생긴다. 만일 해당 부동산의 내부가 완벽한 상태라면 수리비만큼의 가격을 입찰가격에 덧붙일 수 있어 그만큼 다른 사람들보다 경쟁력이 생긴다. 내부 확인을 하지 않았거나 못한 사람은 평생 낙찰받지 못할 것이다.

부동산 경매는 정보를 바탕으로 한 경쟁이다. 자신의 눈에 좋은 부동산은 당연히 다른 사람들 눈에도 좋게 보인다. 높은 가격을 쓴 사람이 모든 걸 가져가는 구조이니 좋은 부동산에는 많은 사람이 달라붙어 높은 가격으로 가져간다. 때론 이해하지 못할 가격으로 받아 가는 사람도 많다.

높게 받아가는 사람을 보며 한심하다고 여길 필요가 없다. 다 그런 것은 아니지만 높게 받아 가는 이유가 있다. 다른 사람이 볼 때는 터무니없이 높은 가격이라도 내가 그 가격으로 충분히 수익을 낼 수 있다면 문제없다. 덮어놓고 높은 가격으로 가져가는 건 미친 짓이지만 제대로 된 정보를 바탕으로 한 높은 입찰가격은 성공의 가능성을 높여주기도 한다.

부동산 경매 투자로 성공할 수 있는지는 현장에서 얼마나 확인을 꼼꼼히 잘하는가에 달려 있다. 현장 방문하는 게 귀찮아서, 사람 만나는 게 부담스러워서 현장조사를 게을리한다면 성공할 자격이 없다. 부동산 경매는 현장에 답이 있다.

핵심내용

- 소유권과 관련된 권리는 경매 부동산과 관련된 각종 공적 장부와 법원의 현황조사서 등의 문서로 대부분 파악 가능하다. 따라서 현장 확인을 하기 전에 먼저 서류조사를 철저히 해 소유권과 관계된 해결하기 어려운 문제는 없는지, 또 비용이 추가될 수도 있는 문제가 있지는 않은지를 사전에 파악해둬야 한다.

- 경매로 부동산을 매수할 때 소유권을 온전히 가져오지 못할 위협은 대부분 선순위 가등기 부분에서 발생하게 된다. 소유권이전 청구권 가등기는 순위 보전의 효력이 있기에 부동산 등기사항전부증명서상의 말소기준권리보다 앞선 권리는 말소되지 않고 남게 된다.

- 처분금지 가처분이 말소기준권리보다 선순위면 낙찰자가 인수해야 한다. 또 후순위이면 말소되는 것이 원칙이지만 본안소송의 원인이 진정한 소유권의 다툼을 벌이는 것이라면 말소되지 않고 낙찰자가 인수해야 한다.

- 유치권은 타인의 부동산에 대해 발생한 채권(공사대금 등)을 받지 못하는 경우 그 채무가 상환될 때까지 해당 부동산을 점유(유치)할 수 있는 권리를 말한다.

- 경매로 부동산에 관한 불법사항은 매수자가 원상회복의 의무를 지게 되므로 추가 비용 지출의 부담이 발생한다. 따라서 불법건축물에 입찰 여부를 결정하는 경우 원상회복의 용이성과 추가 비용의 계산을 사전에 충분히 검토해야 한다.
- 경매에 들어간 부동산에 거주하는 점유자(소유자, 임차인)는 흔히 관리비를 연체한다. 새로운 매수인이 낙찰받기 이전에 발생한 관리비 등은 원칙적으로 이전 점유자가 부담해야 하지만 실제로는 해당 관리비의 청산은 흔히 낙찰자의 몫으로 남는 경우가 많다.
- 법적으로 보장된 이사비는 없으나, 대부분은 쫓겨 나가는 점유자가 안됐다는 생각과 조금이라도 빨리 명도하고 싶은 생각이 뒤섞여 낙찰자가 선의로 제공하는 금액이다.
- 경매 부동산의 내부를 확인해서 대략적인 수리비용을 추계해볼 필요가 있다. 어느 정도 경험이 있는 투자자라면 옆집을 방문하거나 주변을 탐문해 경매에 나온 부동산의 내부를 어느 정도 간접조사한 뒤 입찰하기도 한다.

5장

소유권이전은
어떻게 할까?

$

- ✓ 낙찰받아야 비로소 일이 시작된다
- ✓ 낙찰 이후의 행정절차
- ✓ 소유권이전 촉탁등기란?
- ✓ 매각의 취소 및 취하 알아보기

낙찰받아야
비로소 일이 시작된다

부동산 경매는 준비과정이 길고 굉장히 중요하다. 그럼에도 불구하고 낙찰이 안 되면 끝이다. 해당 부동산을 입찰하려고 물건을 검색하고 권리분석을 하고 현장을 임장했던 모든 일은 대가 없이 종료된다. 그리고 똑같은 과정을 다시 반복해야 한다. 어떻게 보면 부동산 경매는 같은 일을 끊임없이 반복하며 자기 수련을 하는 과정과 비슷하다. 계속 입찰하고 떨어지기를 반복하며 자기를 단련시키고 그 과정에서 낙찰을 받아 잠깐의 기쁨과 수익을 맛보는 경험을 통해 성장하는 것이다.

낙찰이 없이는 성장할 수 없다. 패찰의 경험은 아무리 많이 쌓여도 도움이 되지 않는다. 수익으로 연결되지도 않는다. 시간, 노동력, 돈만 낭비할 뿐이다. 그렇다고 무작정 높은 금액으로 낙찰부터 받고 볼 수도 없다. 그것은 곧 손해를 보고 고통을 당하는 길이기 때문이다. 이래도 힘들고 저래도 힘들다. 그럼에도 불구하고 부동산 경매를 계속하는 이유는 포기하지 않으면 언제고 돈을 벌 수 있고 성공할 수 있기 때문이다. 아니, 그럴 것이라는 믿음을 갖고 있기 때문일지도 모른다.

낙찰을 받아야 모든 일이 시작된다. 낙찰받기 전에 진행했던 과정은 낙찰을 받기 위한 준비 그 이상도 이하도 아니다. 낙찰이 전부다. 낙찰을 받아야 그때부터 실제로 돈을 버는 일을 시작할 수 있다. 누구나 경매에 참여할 수 있지만 누구나 돈을 벌 수는 없는 이유가 바로 여기에 있다. 낙찰받지 못하면 아무것도 남는 게 없다.

잡소리

낙찰이 아니면 의미가 없다

모든 일에는 순서가 있다. 새로운 일을 잘하려면 일의 순서를 따라 효율적으로 실행할 수 있는 계획을 세우고 계획을 실행하면 된다. 그러나 모든 일을 완벽하게 숙지하고 있어야 한다는 것은 아니다. 전체 일의 순서와 진행방향은 잘 익혀야 하지만 중간에 벌어지는 일들은 미리 알지 못해도 큰 무리는 없다. 그때그때 주변에 물어보고 공부해서 대처해나가면 된다.

당연한 것 같은 소리를 굳이 쓰는 이유는 그렇게 하지 않는 사람들이 많기 때문이다. 완벽하게 부동산 경매 공부를 하지 않았기에 아직 좀 더 공부하고 입찰에 도전하겠다는 사람, 부동산 투자해서 세금을 많이 낼까 봐 걱정하는 사람, 사람 만나서 대화하고 설득하는 게 걱정이라는 사람, 여자라서 상대방이 무시하지 않느냐고 벌벌 떠는 사람, 경매당한 사람이 욕하지 않느냐는 사람, 나중에 집으로 찾아와서 협박할까 걱정하는 사람, 부동산 경매를 하려면 돈이 많아야 한다고 생각하는 사람, 경매로 1년에 얼마 벌 수 있는지 묻는 사람 등 시작 전부터 온갖 걱정을 앞세우는 사람들이 꽤 많다.

필자의 경험상 투자하기 전부터 온갖 궁금한 점과 걱정이 밀려오는 이유는 아직 절실하지 않기 때문이다. 뭔가 새로 돈 버는 일을 하려면 그게 괜찮은 건지, 문제는 없는지, 신경 써야 할 부분이 없는지, 사전에 미리 대비해둬야 하는 일이 없는지를 먼저 알아야 할 것이 아니냐고 할 수도 있다. 맞는 말이다. 그러나 그런 걱정부터 하는 사람은 아직은 절실하게 재테크에 도전할 생각이 없는 상태라 부동산 경매로 성공할 가능성이 크지 않다. 절실함부터 키워야 한다. 부동산 경매는 낙찰받기 전에는 아무 일도 일어나지 않는다. 낙찰을 받아야 그때부터 새로운 일이 시작된다. 그리고 낙찰을 받아보면 그전까지 우리가 신경 쓰던 대부분의 걱정은 거의 다 쓸데없는 것이었다는 걸 알게 된다.

5장 소유권이전은 어떻게 할까?

가끔 입찰은 수십 번 해봤으나 낙찰은 한 번도 해보지 못했다는 사람을 만날 수 있다. 가끔이긴 하지만 그런 사람을 여럿 봤으니 그런 말을 하는 사람들이 꽤 있는 듯하다. 이해할 수가 없다. 어떻게 그럴 수 있는지. 부동산 경매 투자를 오래 한 사람들에게 물어보고 싶다. 저렇게 입찰을 수십 번 했는데 한 번도 낙찰받아보지 못한 사람에 대해 어떻게 생각하는가에 대해.

낙찰이 아니면 부동산 경매는 아무런 의미가 없다. "패찰만 10년입니다." 이건 경력도 아니고 실력도 아니다. 그저 미친 짓일 뿐. 수십 번 입찰했다는 게 거짓말이거나 부동산 경매를 잘못 배웠을 가능성이 높다. 거의 이 2가지 중 하나다. 거짓말을 했다면 거기에 대해서는 할 말이 없다. 그러나 진짜로 수십 번 패찰만 했다면 그건 진짜 큰 문제. 부동산 경매를 제대로 익히지 못한 것이다.

부동산 경매를 하는 이유는 싼 부동산을 사는 게 아니라고 여러 번 말했다. 가치 있는 부동산을 사기 위해 부동산 경매를 하는 것이고 그걸 싸게 사면 더 좋은 것이다. 그런데 계속 떨어지기만 했다는 사람은 무조건 떨어지는 가격으로만 입찰을 한 것이니 문제다.

물론 부동산 경매는 낙찰률이 그리 높지 않다. 체감상 낙찰률이 보통 30% 안팎인 것으로 생각된다. 물론 정확히 계산해보지는 않았다. 개인의 낙찰률이란 건 높다고 좋거나 낮다고 나쁜 게 아니다. 그러나 수십 번의 입찰에도 불구하고 100% 패찰이라는 건 심각한 수치다. 부동산 경매를 제대로 공부한다는 건 그 부동산에 대한 가치 파악을 제대로 하는 법을 익히는 것과 같다. 가치 파악을 제대로 한다면 내내 패찰만 할 수는 없다.

패찰만 계속했다는 건 수익도 없이 비용만 계속 나갔다는 것이다. 세상 어떤 일도 노력의 대가 없이 지속할 수 있는 건 없다. 패찰만 계속되는 건 스스로에게 문제가 있다는 뜻이다. 지금도 계속 패찰만 한다면 자신의 행동을 되돌아볼 필요가 있다. 지금이라도 주변의 잘하는 사람에게 물어서 자신이 시도하던 패턴을 바꾸는 게 좋다.

낙찰 이후의
행정절차

경매로 부동산을 매수하려고 경매법원이 진행하는 모든 행정절차를 알 필요는 없다. 투자자는 투자 행위와 관련된 부분만 명확히 숙지하면 된다.

낙찰 이후의 절차는 크게 잔금 납부, 점유자 명도, 수리 및 이용 등 3가지로 나눌 수 있다. 투자자 입장에서의 행정절차란 자신이 낙찰받은 부동산을 제때 사용하기 위한 과정이다. 낙찰 이후의 절차와 기일을 몰라서 손 놓고 있으면 자신의 돈을 투자해놓고 활용하지 못하는 꼴이므로 기회비용을 잃는 것이다. 경매로 매각되는 부동산의 소유권을 이전하는 것은 관련 법 규정에 따라 행정절차가 진행된다. 따라

5장 소유권이전은 어떻게 할까?

서 법원에서 안내하는 일정만 따르면 소유권이전은 큰 문제가 없다. 법무사에게 의뢰하더라도 절차를 알고 맡기는 것과 모르고 하는 것은 수수료 등의 비용 면에서 큰 차이가 있을 수 있으니 행정절차도 잘 숙지하고 있어야 한다.

최고가 매수신고인의
결정에 대해

입찰을 마감하고 개찰을 하면서 물건별로 가장 높은 가격으로 입찰에 참여한 자를 집행법원에서 최고가 매수신고인으로 결정한다. 최고가 매수신고인은 집행관으로부터 매수허가를 받을 수 있다. 이때 집행관은 최고가 매수신고인 외에 다른 입찰자들에게 차순위 매수신고 여부를 묻는 과정(최고)을 거치는데, 차순위신고를 원하는 자는 즉시 그 의사표시를 해야 하며, 그 입찰가격이 최고가 매수신고인의 금액과 10% 이내의 차이여야 차순위신고가 가능하다. 집행관은 최고가 매수신고인 및 차순위 매수신고인의 신분증을 확인한 후 매각보증금 영수증을 교부하고, 그 외의 입찰자에게 입찰보증금을 반환하고, 해당 물건의 경매를 종료한다.

잔금 납부를 위한
준비단계

경매 부동산을 낙찰받으면 최고가 매수신고인의 신분이 된다. 용어에서 알 수 있듯이 최고가로 매수하겠다고 신고한 사람이 된 것일 뿐 결정된 것은 아니다. 입찰기일에 최고가 매수신고인으로 결정되면 이후 집행법원에서는 해당 경매 건을 진행함에 있어 문제의 소지가 있었는지를 검토한다. 대체로 이 기간에는 이해관계인에 대한 공지가 제대로 이루어졌는지, 혹은 경매와 관련된 내용 중 일반인에게 공지해야 할 사항에 대해 제대로 공지했는지에 대해 점검한다. 7일의 기간을 두고 확인한 뒤 이상이 없으면 매각허가를 결정한다.

이후 추가로 7일의 기간을 두고 해당 부동산의 매각과 관련해 이해관계인의 항고 여부를 기다린다. 이때 매각 결정에 이의가 있는 사람은 매각대금의 10%에 해당하는 금전 또는 법원이 인정하는 유가증권을 공탁한 뒤 이의신청을 할 수 있다. 이의신청이 받아들여지지 않는 경우 공탁한 금액은 법원에 몰수되므로 이의신청은 신중히 할 필요가 있다.

최종적으로 경매진행 절차에 하자나 이해관계인의 항고가 없으면 매각허가결정이 확정된다. 따라서 최고가매수 신고인은 낙찰 후 14일의 기간을 기다린 뒤에야 잔금을 납부할 수 있다.

5장 소유권이전은 어떻게 할까?

잔금 납부 단계에
주의할 점

낙찰 후 14일의 기간이 지나면 법원에서는 최고가 매수신고인에게 잔대금을 납부하라는 안내장을 발송한다. 하지만 낙찰자는 해당 우편을 받지 않았어도 낙찰받은 지 14일이 지난 뒤에는 언제든지 법원에 가서 잔금을 납부할 수 있다. 잔금 납부기한은 통상 매각허가결정이 확정된 날로부터 1개월 이내다. 잔금을 납부하려는 경우 신분증과 도장을 지참하고 경매를 진행한 법원의 해당 경매계에 가서 사건번호를 말하면 잔대금 납부명령서를 발급해준다. 이 납부명령서를 가지고 법원 구내은행에 가서 잔대금을 납부하면 낙찰자의 신분은 최고가 매수신고인에서 최고가 매수인으로 바뀐다. 은행에서 잔대금을 납부한 후 영수증을 다시 법원 경매계에 제출하면 해당 경매계에서 매각허가결정 정본을 발급해서 최고가 매수인의 신분을 확인해준다.

잔금 납부
이후 단계

잔금을 납부한 뒤에는 소유권을 이전하지 않아도 해당 부동산의 소유자로 인정받는다. 민법 187조(등기를 요하지 아니하는 부동산물권 취득)에 따르면 "상속, 공용징수, 판결, 경매 기타 법률의 규정에 의한 부동산에 관한 물권의 취득은 등기를 요하지 아니한다. 그러나 등기를 하지 아니하면 이를 처분하지 못한다."라고 명시되어 있다. 즉 소유권을 이전해야 하는 기한이 특별히 정해져 있지 않은 것이다. 하지만 취득세는 부동산의 취득(잔금 납부) 후 60일 이내에 내도록 되어 있기에 기한이 지난 뒤에는 20%의 신고불성실 가산세와 1일당 3/10,000에 해당하는 납부불성실 가산세가 추가되므로 통상적으로 소유권이전은 60일 이내에 하는 것이 좋다.

잡소리

마감기한을 놓치지 말자

부동산 경매는 절차에 의한 법률행위다. 그러니 낙찰 이후 최고가 매수신고인이 어떻게 해야 하는지에 대해서는 법원이 고지해준다. 그러나 법원이 상세하고 나긋나긋하게 알려주지는 않는다. 큰 틀에서만 알려주므로 초보자 입장에서는 찰떡같이 알아듣고 그대로 이행하기가 쉽지 않다. 그래서 적어도 부동산 경매의 진행절차는 투자 전에 숙지해놓아야 한다. 막상 낙찰을 받았는데 그다음에 어떻게 해야 하는지를 모르면 미칠 노릇일 테니까.

법원에서 처리하는 모든 일은 항상 마감기한이 있다. 부동산 경매도 마찬가지다. 그래서 부동산 경매를 하다 보면 때로는 시간에 쫓기는 듯한 기분도 든다. 만약 정해진 기한을 넘기면 어떻게 될까? 은근히 궁금해하는 사람도 많고 기한을 넘기면 끝인 줄 아는 사람도 꽤 있다.

투자자의 입장에서 법원에 제출해야 하는 것을 크게 2가지로 분류하면 잔금과 각종 서류의 제출이 있다. 잔금은 납부기한을 넘겨도 재경매 기일 3일 전까지는 납부가 가능하다. 물론 연 15%의 이자를 추가로 납부해야 하지만 기한이 넘어갔다고 최고가 매수신고인의 지위를 잃거나 소유권이전을 못하는 건 아니다.

법원에 제출하는 서류의 경우 마감기한을 반드시 지켜야 한다. 기한을 넘기게 되면 그때까지 해당 부동산 경매의 이해관계인으로서 가졌던 권리를 잃게 된다. 특히나 임차인의 배당신청과 같이 여러 이해관계인으로부터 동일한 서류를 접수받아야 하는 일에 있어서는 어느 특정인만을 우대해주지 않으므로 정해진 기일 내에 꼭 제출해야 한다.

다만 특정인 한 사람에게만 서류를 받는 문제이고, 해당 서류가 경매 진행에 결정적인 영향을 미칠 수 있는 자료인 경우 사전에 해당 법원 경매계에 연락해 양해를 구하면 기일이 연기될 수 있다. 예를 들어 농지를 낙찰받으면 도시민은 낙찰일로부터 5일 이내에 농지 취득자격증명서를 면사무소에서 발급받아 법원에 제출해야 한다. 만약 제출하지 않으면 매각은 불허가되고 보증금은 몰수된다. 따라서 이와 같이 경매 진행에 결정적인 영향을 미치는 서류인 경우에는 시일이 촉박해서 넘길 우려가 있다면 사전에 기일 연장을 요청할 수 있고, 법원의 판단에 따라 조정이 가능하다.

법원의 일도 사람이 하는 일이다. 정해진 기한 내에 법원이 요청한 일을 마감하지 못할 것 같으면 해당 경매계에 연락해서 상황을 설명하고 기한 연장을 요청해보는 게 좋다. 안 되면 할 수 없지만 지레짐작해 포기부터 하지는 말자.

법원에 제출하는 서류의 경우

마감기한을 반드시 지켜야 한다.

기한을 넘기게 되면

그때까지 해당 부동산 경매의 관련자로서

가졌던 권리를 잃게 된다.

소유권이전
촉탁등기란?

통상적으로 대출을 받아 잔금을 치르게 되면 대출을 해주는 은행에서 근저당 설정을 하며 소유권이전 촉탁등기를 같이 진행해준다. 대출을 받지 않는 경우라면 직접 소유권이전 촉탁등기를 진행해도 되는데 서류 준비만 잘하면 크게 어려운 점은 없다. 처음 투자해보는 것이라서 셀프등기가 어렵다면 법무사에게 맡기기도 하는데, 장기적인 관점에서 보면 등기하는 방법을 알아두는 것이 좋다.

소유권이전 촉탁등기에 필요한 서류로는 무엇이 있는지 알아보고, 각각의 절차에 대해 자세히 살펴보도록 하자.

소유권이전 촉탁등기 필요 서류

취득의 원인이 부동산 경매인 경우 소유권이전을 위한 등기는 본인의 신청을 통해 집행법원에서 등기소로 촉탁등기명령을 내려 하게 되는데 이를 소유권이전 촉탁등기라 한다.

소유권이전 촉탁등기에 필요한 서류는 이전등기 촉탁신청서, 부동산 등기사항전부증명서, 토지대장등본, 건축물대장등본, 취득세 영수증, 등록면허세 영수증, 대법원 수입증지 및 주택채권 매입 번호 등이다.

① 부동산 소유권이전등기 촉탁신청서

② 부동산목록 4통

③ 부동산 등기사항전부증명서 1통

④ 토지대장등본 1통

⑤ 건축물대장등본 1통

⑥ 주민등록등본 1통

⑦ 취득세 영수증(이전)

⑧ 등록면허세 영수증(말소)

⑨ 대법원 수입증지

⑩ 말소할 사항 4부

⑪ 주택채권 매입 번호(해당되는 경우)

소유권이전 촉탁등기 절차

우선 경매 집행법원 해당 경매계에 가서 잔대금납부명령서를 수령해야 한다. 그리고 법원 구내은행에 가서 경매계에서 받은 잔금납부명령서로 잔대금을 납부하고 영수증을 수령한다. 이때 소유권이전 촉탁등기 및 말소등기에 필요한 대법원 수입증지를 함께 구매한다(2018년 10월 기준 소유권이전 1만 5천 원, 말소 1건당 3천 원).

법원 구내은행에서 받은 잔대금 납입영수증을 경매계에 다시 제출하고 경매계에서 매각허가결정정본을 발급받는다. 이후 경매 부동산이 속한 지방자치단체(시청, 구청 혹은 군청) 민원실의 취득세 담당자에게 매각허가결정정본을 복사해 제출하고 취득세 및 등록면허세 납부서를 발급받은 뒤 구내은행에 납부하면 된다.

이후 각종 필요서류(부동산 등기사항전부증명서 등)를 발급받은 뒤 다시 법원으로 와서 등기 촉탁신청서에 적혀 있는 순서대로 취합한 뒤 해당 경매계 혹은 민원실에 제출하면 소유권이전에 필요한 등기촉탁은 모두 마무리된다. 이 일련의 과정을 정리하면 다음과 같다.

① 경매 집행법원 담당 경매계: 잔금납부명령서 수령(사건번호)
② 법원 구내은행: 잔금납부명령서로 잔금 납부 및 납부 영수증 수령
③ 대법원 수입증지 함께 구매: 소유권이전 촉탁등기 및 말소등기용 (소유권이전 1만 5천 원, 말소 1건당 3천 원)

부동산소유권이전등기 촉탁신청서

사건번호   타경   부동산강제(임의)경매

채 권 자

채 무 자(소유자)

매 수 인

　위 사건에 관하여 매수인　　　　　는(은) 귀원으로부터 매각허가결정을
받고　　　년　　월　　일 대금전액을 완납하였으므로 별지목록기재
부동산에 대하여 소유권이전 및 말소등기를 촉탁하여 주시기 바랍니다.

첨부서류

1. 부동산목록   4 통
1. 부동산등기사항전부증명서   1 통
1. 토지대장등본   1 통
1. 건축물대장등본   1 통
1. 주민등록등본   1 통
1. 취득세 영수증(이전)
1. 등록면허세 영수증(말소)
1. 대법원수입증지-이전 15,000 원, 말소 1 건당 3,000 원(토지, 건물 각각임)
1. 말소할 사항(말소할 각 등기를 특정할 수 있도록 접수일자와 접수번호) 4
부

년   월   일

　　신청인(매수인)   (인)

　　연락처(☎)

지방법원   귀중

유의사항
1. 법인등기사항증명서, 주민등록등(초)본, 토지대장 및 건물대장등본은 발행일로부터 3 월
이내의 것이어야 함
2. 등록세 영수필확인서 및 통지서에 기재된 토지의 시가표준액 및 건물의 과세표준액이 각
500 만원 이상일 때에는 국민주택채권을 매입하고 그 주택채권발행번호를 기재하여야 함

④ 법원 경매계: 잔금 납부 영수증을 경매계에 제출하고 '매각허
가결정정본' 수령

⑤ 시청 혹은 군·구청 민원실: 취득세 및 등록면허세 영수증 발
급 후 구내은행에 납부

⑥ 모든 서류를 정리해서 법원의 해당 경매계에 제출

● 취득세율 기준

구분			취득세	농어촌특별세	지방교육세	합계
주택	6억 원 이하	85m² 이하	1%	비과세	0.1%	1.1%
		85m² 이상	1%	0.2%	0.1%	1.3%
	9억 원 이하	85m² 이하	2%	비과세	0.2%	2.2%
		85m² 이상	2%	0.2%	0.2%	2.4%
	9억 원 이상	85m² 이하	3%	비과세	0.3%	3.3%
		85m² 이상	3%	0.2%	0.3%	3.5%
주택 외(토지, 건물 등)			4%	0.2%	0.4%	4.6%
원시취득, 상속(농지 외)			2.8%	0.2%	0.16%	3.16%
증여			3.5%	0.2%	0.3%	4.0%
농지	매매	신규	3%	0.2%	0.2%	3.4%
		2년 이상 자경	1.5%	비과세	0.1%	1.6%
	상속		2.3%	0.2%	0.06%	2.56%

취득세율

취득세는 실제 거래가격에 위 표의 기준을 적용해 납부한다.

주택채권 매입액표

주택채권은 시가표준금액(주택 및 건물) 혹은 공시지가(토지)에 다음
표의 기준을 적용해 매입한다.

구분	시가표준금액	지역	매입금액
주택	2천만 원 이상 5천만 원 미만	특별시 및 광역시	13/1,000
		기타 지역	13/1,000
	5천만 원 이상 1억 원 미만	특별시 및 광역시	19/1,000
		기타 지역	14/1,000
	1억 원 이상 1억 6천만 원 미만	특별시 및 광역시	21/1,000
		기타 지역	16/1,000
	1억 6천만 원 이상 2억 6천만 원 미만	특별시 및 광역시	23/1,000
		기타 지역	18/1,000
	2억 6천만 원 이상 6억 원 미만	특별시 및 광역시	26/1,000
		기타 지역	21/1,000
	6억 원 이상	특별시 및 광역시	31/1,000
		기타 지역	26/1,000
토지	500만 원 이상 5천만 원 미만	특별시 및 광역시	25/1,000
		기타 지역	20/1,000
	5천만 원 이상 1억 원 미만	특별시 및 광역시	40/1,000
		기타 지역	35/1,000
	1억 원 이상	특별시 및 광역시	50/1,000
		기타 지역	45/1,000
주택 및 토지 외	1천만 원 이상 1억 3천만 원 미만	특별시 및 광역시	10/1,000
		기타 지역	8/1,000
	1억 4천만 원 이상 2억 5천만 원 미만	특별시 및 광역시	16/1,000
		기타 지역	14/1,000
	2억 5천만 원 이상	특별시 및 광역시	20/1,000
		기타 지역	14/1,000

196

잡소리

셀프등기

경매에 참여해 낙찰을 받으면 낙찰받은 이후 15일째 되는 날부터 잔금을 낼 수 있다. 잔금은 기한이 있는데 통상 매각허가결정일로부터 4주 안팎의 잔금 납부기간을 준다. 그 기간 안에 잔금을 내면 경매 부동산은 낙찰자의 소유가 된다. 그리고 자신의 소유라는 걸 문서로 만들기 위해 등기를 한다.

이때 은행에서 대출을 받으면 은행 측 법무사가 대출에 대한 근저당권을 설정하면서 자신의 명의로 등기이전도 같이 해준다. 대출을 받지 않는 경우 개인적으로 법무사에게 등기를 의뢰하는데 취득세 등의 세금을 제외한 법무사 수수료는 보통 20만~30만 원 선이다. 법무사 보수 기준이 있어서 낙찰받은 부동산의 금액이 클수록 법무사 수수료도 비싸지는데, 부동산의 가격이 비싸다고 일이 더 많아지는 것도 아니어서 통상 수수료는 협의해 정한다.

소수지만 대출받지 않는 투자자 중 일부는 직접 등기를 이전하기도 한다. 크게 어려운 건 없고 인터넷을 뒤져보면 셀프등기 방법이 많이 나와 있어서 개인이 할 수도 있다. 다만 처음 한 번 투자해본 것이라면 굳이 셀프등기를 할 필요가 없다. 귀찮기도 하고 시간낭비다. 그러나 투자를 계속해서 할 사람이라면 셀프등기하는 정도는 지식 습득 차원에서 알고 있어야 한다고 본다. 그러니 기회가 되면 소유권이전 촉탁등기 절차를 참고해서 실행해보는 것도 좋겠다. 실수를 하면 되돌리면 되고 멍청하게 남의 이름으로 접수한다고 해도 법원에서 받아주지 않으니 셀프등기를 하다가 소유권을 잃을 염려는 없다.

부동산과 관련된 모든 것은 한 번만 해보면 자신의 지식으로 축적된다. 그리고 그 지식은 오롯이 자신만의 것이다. 그런 지식이 쌓여서 성공의 가능성을 높여주는 것이니 부동산 경매를 하면서 최대한 부동산지식을 축적해놓아야 한다. 언제고 다가올 성공의 기회를 놓치지 않기 위해서 말이다.

실수를 하면 되돌리면 되고

멍청하게 남의 이름으로 접수한다고 해도

법원에서 받아주지 않으니

셀프등기를 하다가 소유권을 잃을 염려는 없다.

매각의 취소 및 취하
알아보기

경매에 나오는 부동산은 낙찰 여부에 관계없이 간혹 매각이 중지되기도 한다. 여기에는 다양한 이유가 있는데 크게 2가지로 나눠보면 취소와 취하가 있다. 대체로 매각의 취소란 부동산 소유자의 의사와 관계없이 경매가 중지되는 것이다. 경매 매각으로 인해 채권자에게 돌아가는 실익이 없다고 판단하는 경우가 있다. 이를 무잉여, 즉 이익이 없다고 표현하는데 이때는 법원이 직권으로 경매를 취소하게 된다. 또다른 경우로 채권자가 스스로 경매신청했던 것을 취소하는 경우다. 역시 경매로 매각하는 실익이 없다고 판단하거나, 채무자(소유자)가 돈을 갚겠다고 약속하는 경우에 취소하는 것이 대표적이다.

매각의 취하는 소유자의 의사로 경매를 중지하는 것이 대부분이다. 각 이해관계인에게 허락을 받는 경우 소유자의 신청에 의해 취하를 하게 된다. 이때 부동산이 낙찰되기 전이라면 경매신청 채권자의 취하 동의만 있으면 되고, 낙찰된 후라면 낙찰자의 동의까지 받아야한다.

집행법원의
직권 취소

집행법원이 직권으로 경매의 진행을 취소하는 경우는 크게 2가지로 나눠진다. 첫째로 경매 대상 부동산의 멸실로 인해 해당 부동산의 효용가치가 없어진 사정이 명확하게 나타나는 경우다. 이때 집행법원은 직권으로 매각절차를 취소해야 한다.

둘째로 매각금액이 경매를 신청한 채권자의 채권보다 앞선 권리자의 채권액, 그리고 절차 비용으로 모두 소요되어 실질적으로 남는 것이 없을 것으로 나타나는 경우 집행법원은 매각절차를 취소할 수 있다. 그럴 경우 법원은 이를 경매신청채권자에게 통지해야 한다. 법원의 통지를 받은 경매신청권자는 통지받은 날로부터 일주일 이내에 자기 채권에 우선하는 부동산의 모든 부담과 비용을 변제하고, 남을 만한 가격을 정한 뒤 그 가격에 맞는 매수신고가 없는 경우 자기가 그 가격으로 매수하겠다고 신청할 수 있다. 다만 이를 담보할 충분한 보증을 제공하지 않으면 법원은 매각절차를 취소해야 하며 이에 대해 경매를 신청한 채권자는 즉시 항고가 가능하다.

강제경매의 매각 취소

경매를 집행하도록 결정한 판결 혹은 그 집행과 관련한 취소, 정지, 불허가 등의 내용을 적시한 집행력 있는 판결정본이 제출된 경우 강제경매의 매각은 취소된다. 또한 강제집행을 피하기 위한 충분한 담보가 제공된 경우, 집행할 판결과 그에 준하는 소가 취하 혹은 실효되어 그 증빙서류가 제출된 경우, 그리고 강제집행을 취하한다는 내용의 화해조서 혹은 공정증서의 정본이 제출된 경우에도 강제경매의 매각은 취소된다.

임의경매의 매각 취소

채무로 인한 담보물권의 등기가 말소된 부동산 등기부등본이 제출된 경우, 담보물권이 말소되거나 소멸되었다는 내용의 판결정본이 제출된 경우, 그리고 경매를 신청한 해당 채권자의 명의로 경매신청을 취하하겠다는 증빙서류가 제출된 경우에는 임의경매의 매각이 취소된다.

경매신청의 취하

원칙적으로 경매신청의 취하는 매수인이 잔금을 납부하기 전까지 할 수 있다. 취하신청 당시 최고가 매수신고인이 없는 경우에는 경매취하 신청서와 함께 경매를 신청한 채권자의 인감증명서 및 합의서 혹은 취하동의서 등을 첨부해 집행법원에 제출해야 한다.

만일 최고가 매수신고인이 있는 경우에는 최고가 매수신고인이 없을 때 필요한 서류와 함께 최고가 매수신고인의 경매취하동의서 및 인감증명서를 추가로 제출해야 한다.

최고가 매수신고인의
동의 없는 경매의 취하

최고가 매수신고인이 동의서를 작성해주지 않아 동의 없이 임의경매를 취하할 경우에는 먼저 채무액과 예납된 집행 비용을 공탁해야 한다. 그런 다음 경매개시결정에 대한 이의신청서를 제출해 이의신청제기 증명원을 발급받아 접수하고, 집행법원에서 경매절차정지 결정문을 다시 받은 뒤 담당 경매계에 제출하면 취하할 수 있다.

　최고가 매수신고인의 동의 없이 강제경매를 취하할 경우에는 채무액과 예납된 집행 비용을 공탁한 뒤 청구에 관한 이의의 소를 제기해야 한다. 그 후에 소 제기증명원을 발급받아 집행법원에 접수하고, 소의 결과에 따라 집행법원으로부터 강제집행정지 결정문을 다시 받은 뒤 담당 경매계에 제출하면 된다. 강제경매의 경우 소송의 절차를 거쳐야 하므로 임의경매보다 까다롭고 소요 시간이 상대적으로 오래 걸리게 된다.

5장 소유권이전은 어떻게 할까?

잡소리

취하동의서 받기

관심을 가지고 지켜보던 경매 물건이 갑작스레 경매가 취소 혹은 취하되는 경우, 아니면 기일이 연기되거나 변경되는 경우가 종종 있다. 대부분은 하루나 이틀 뒤에 그 사유를 법원경매정보 사이트(www.courtauction.go.kr)에 고지한다. 그리고 고지되어 있지 않은 물건은 법원의 담당 경매계에 연락해보면 친절하게 안내해준다. 물어보면 다 된다. 가끔 경매계에 묻지 않고 주변 사람에게 물어보는 사람이 있는데, 주변 사람은 그 물건에 관심도 없고 알지도 못한다. 헛수고하지 마라.

최고가 매수신고인으로 선정되어 잔금을 내려고 준비하고 있는데 느닷없이 부동산 경매가 취하되었다는 연락을 받을 수도 있다. 원래는 낙찰된 부동산의 경매를 채무자가 취하시키려면 낙찰자, 즉 최고가 매수신고인의 취하동의서를 받아서 제출해야 하는데, 법 좋아하는 사람은 취하동의서도 안 받고 법대로 처리한다. 그래도 처리가 가능하니까.

실제로는 최고가 매수신고인이 있는 상태에서 경매를 취하하려면 취하동의서를 받는 게 훨씬 더 빠르다. 그런데 문제는 최고가 매수신고인이 맨입으로 해주지 않는다는 것이다. 그래서인지 취하동의서를 써주는 대가로 얼마를 주는 게 적당하냐는 질문도 인터넷에 떠다니기는 한다. 적정선이란 없다. 감사를 돈으로 계산하는 건 껄끄러우니까. 그러나 안 받기도 뭐하다. 엄청나게 조사하고 연구해서 낙찰받았는데 경매가 취하되면 아무런 소득 없이 날려버리는 것이니 말이다.

취하동의서 없이 법대로 처리하면 시간도 걸리고 귀찮기도 하다. 그럴 때는 법무사에게 처리를 부탁하면 되는데 법무사도 돈이 든다. 어차피 돈 드는 거 법무사에게 줄 돈보다 좀 더 챙겨주고 빠른 일 처리를 원하는 사람도 많다. 그래서 취하동의서를 요청하면 적절히 협의해서 응하는 것도 썩 나쁘지만은 않다. 적정선이 없기는 하지만 법무사에게 주는 돈보다는 좀 더 받을 수 있으니 법무사 의뢰 비용이 얼마인지 확인해보면 대충 감이 올 수도 있다.

핵심내용

- 부동산 경매는 낙찰률이 그리 높지 않다. 그런데 부동산 경매 투자는 낙찰을 받아야 모든 일이 시작된다. 낙찰받기 전에 진행했던 과정은 낙찰을 받기 위한 준비 그 이상도 이하도 아니다.
- 낙찰 이후의 절차는 크게 잔금 납부, 점유자 명도, 수리 및 이용 등 3가지로 나눌 수 있다. 투자자 입장에서의 행정절차란 자신이 낙찰받은 부동산을 제때 사용하기 위한 과정이다.
- 입찰을 마감하고 개찰을 하면서 물건별로 가장 높은 가격으로 입찰에 참여한 자를 집행법원에서 최고가 매수신고인으로 결정한다. 최고가 매수신고인은 집행관으로부터 매수허가를 받을 수 있다. 최고가 매수신고인은 최고가로 매수하겠다고 신고한 사람이 된 것일 뿐 결정된 것은 아니다. 최고가매수 신고인은 낙찰 후 14일의 기간을 기다린 뒤에야 잔금을 납부할 수 있다.
- 소유권을 이전해야 하는 기한은 특별히 정해져 있지 않다. 하지만 취득세는 부동산의 취득(잔금 납부) 후 60일 이내에 내도록 되어 있으며, 기한이 지난 뒤에는 신고불성실 가산세와 납부불성실 가산세가 추가되므로 통상적으로 소유권이전은 60일 이내에 하는 것이 좋다.

- 취득의 원인이 부동산 경매인 경우 소유권이전을 위한 등기는 본인의 신청을 통해 집행법원에서 등기소로 촉탁등기명령을 내려 하게 되는데 이를 소유권이전 촉탁등기라 한다.
- 경매에 나오는 부동산은 낙찰 여부에 관계없이 간혹 매각이 중지되기도 하는데, 크게 2가지로 나눠보면 취소와 취하가 있다.
- 집행법원의 직권으로 경매 진행이 취소되는 경우는 대상 부동산의 멸실로 인해 해당 부동산의 효용가치가 없어진 경우이거나, 매각금액이 경매를 신청한 채권자의 채권보다 앞선 권리자의 채권액, 그리고 절차 비용으로 모두 소요되어 실질적으로 남는 것이 없을 것으로 나타나는 경우다.
- 경매신청의 취하는 매수인이 잔금을 납부하기 전까지 할 수 있다. 취하신청 당시 최고가 매수신고인이 없는 경우에는 경매취하 신청서와 함께 경매를 신청한 채권자의 인감증명서 및 합의서 혹은 취하동의서 등을 첨부해 집행법원에 제출해야 한다.

경매 부동산의
새로운 시작

($)

- ✓ 점유자 명도 수월하게 하는 방법
- ✓ 강제집행 시 현명하게 협상하기
- ✓ 부동산 수리, 직접 하는 게 이득이다

점유자 명도
수월하게 하는 방법

부동산 경매에서의 명도란 매수한 부동산에 거주하고 있는 점유자(소유자, 임차인 등)를 내보내는 것을 말한다. 경매로 매수한 부동산의 점유자를 내보낼 때 법원의 허락을 구해 강제로 퇴거시킬 수 있는 권한을 확보하는 방법은 인도명령과 명도소송, 이 2가지로 나뉜다.

인도명령은 일종의 약식 소송이라 할 수 있는데 최고가 매수신고인의 신청만으로 점유자를 내보낼 수 있는 권한을 부여하는 것이다. 이에 반해 명도소송은 최고가 매수신고인에게 점유자를 퇴거시킬 권한이 있는지 소송 절차를 통해 결정하는 것이다.

인도명령의
절차를 알아보자

인도명령은 정당한 점유의 권한이 없는 점유자를 상대적으로 손쉽게 퇴거시킬 수 있도록 하는 절차다. 매수인은 경매 부동산의 잔금을 완납한 후 6개월 이내에 인도명령을 신청해야 한다. 만일 잔금을 납부한 뒤 6개월이 지났다면 인도명령 신청은 불가능하고, 이때는 명도소송을 통해 점유자의 강제 퇴거를 진행해야 한다.

점유자가 대항력 없는 점유자임을 입증하는 서류와 함께 인도명령 신청서를 제출하면 법원은 채무자 및 소유자에 대해 3일 이내에 인도명령 결정을 내리도록 되어 있다. 인도명령의 신청부터 결정문이 나

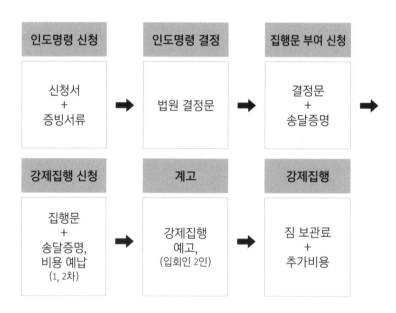

부동산인도명령 신청

사건번호
신청인(낙찰인)
　　○시　○구　○동　○번지
피신청인(임차인)
　　○시　○구　○동　○번지

　위 사건에 관하여 낙찰인은　　　.　　.　　. 에 낙찰대금을 완납한 후 채무자에게 별지 입찰부동산의 인도를 청구하였으나 채무자가 불응하고 있으므로, 귀원 소속 집행관으로 하여금 채무자의 위 부동산에 대한 점유를 풀고 이를 낙찰인에게 인도하도록 하는 명령을 발령하여 주시기 바랍니다.

　　　　　　　　년　　　　월　　　　일

　　　　　　낙　찰　인　　　　　　　　　　　(인)
　　　　　　연락처(☎)

　　　지방법원　　　　　　　귀중

유의사항
1) 낙찰인은 대금완납 후 6개월내에 채무자, 소유자 또는 압류효력 발생 후에 점유를 시작한 부동산 점유자에 대하여 부동산을 낙찰인에게 인도할 것을 법원에 신청할 수 있습니다.
2) 신청서에는 1,000원의 인지를 붙이고 1통을 낙찰법원에 제출하며 인도명령정본 송달료(2회분)를 납부하셔야 합니다.

오기까지는 대략 2주 정도의 시간이 소요된다. 아무런 배당도 받지 못하는 점유자에 대한 인도명령 결정은 바로 나오지만, 일부라도 배당금을 수령할 수 있는 점유자의 경우에는 인도명령이 배당기일 이후로 나온다.

　인도명령은 법원의 판결로 점유자를 강제로 내쫓을 수 있는 권한을 부여하는 것이기에 경매 부동산의 매수자는 이를 이용해 점유자와의 퇴거 협상을 하게 된다. 인도명령부터 강제집행까지는 통상 2~3개월 정도의 시일이 소요되고, 비용도 대략적으로 3.3m²당 10만~12만 원 정도 소요되는 것으로 알려져 있다. 다만 비용은 강제집행의 난이도 등에 따라 다소 달라질 수 있다.

점유자의 퇴거를 위한 인도명령에서부터 강제집행을 통한 점유자의 퇴거는 다음과 같은 과정을 거치게 된다.

1) 인도명령 신청
인도명령 신청서와 점유자가 정당한 점유의 권한이 없음을 증빙하는 서류를 경매를 진행한 법원의 경매계에 제출한다.

2) 인도명령 결정
신청서를 접수한 후 인도명령 결정문이 나오기까지 통상 2주 안팎의 시일이 소요된다.

3) 집행문 부여 신청
점유자를 퇴거시키기 위해 강제집행을 하고자 하니 허락해달라는 매수자의 요청을 법원이 검토해 허락하는 행위다. 인도명령은 점유자를 퇴거시킬 수 있는 결정문이지만 매수인이 직접 점유자를 퇴거시킬 수 없고, 법원 소속 집행관에게 위임을 해서 퇴거시켜야 한다. 따라서 집행문 부여 신청이란 법원 소속 집행관에게 강제집행을 위임하려고 하니 허락해달라는 신청인 것이다.

집행문 부여 신청 시에는 인도명령 결정문과 인도명령 결정문이 점유자에게 송달되었음을 증명하는 송달증명원을 발급받아 첨부서류로 같이 제출해야 한다.

4) 강제집행 신청

집행문이 부여되면 이때도 마찬가지로 집행문이 점유자에게 송달되었음을 증명하는 송달증명원을 첨부해 법원 집행관 사무실에 강제집행을 신청한다. 이때 강제집행을 위한 비용을 1차와 2차로 나누어 예납해야 한다.

5) 계고

강제집행이 신청되면 집행관은 점유자에게 강제집행이 예정되어 있음을 고지하게 되는데 이때 강제집행 신청자가 함께 현장에 동행한다. 계고 당일에 집행관은 특정일을 정해 그날까지 부동산을 매수인에게 인도할 것을 고지한다.

6) 강제집행

계고된 부동산인도 요구일까지 점유자가 퇴거하지 않으면 매수인은 이를 집행관에게 알린 뒤 실제 강제집행을 신청한다. 이후 2주 정도의 기간을 거쳐 최종 강제집행일이 결정되고 당일에 강제집행을 실시하게 된다.

명도소송의
절차를 알아보자

다음 3가지 유형의 점유자는 인도명령이 아니라 정식으로 명도소송의 절차를 거쳐야만 강제로 퇴거시킬 수 있는 권리를 최고가 매수인이 가질 수 있다.

① 인도명령으로 퇴거시킬 수 있는 권한 없는 점유자였으나 잔금 납부 후 6개월이 지난 경우
② 경매 매수인에 대해 대항력을 가진 점유자
③ 공매로 매수한 부동산에 거주 중인 점유자

명도소송은 빠르면 3개월, 늦으면 약 6개월 안팎의 시일이 소요된다. 명도소송을 통해 점유자의 퇴거가 결정되면 이후의 강제집행은 인도명령에서 행해지는 절차와 동일하게 진행된다.

점유자가 바뀔 것에 대비하는
점유이전금지 가처분

인도명령을 신청하거나 명도소송을 하게 되면 결정이나 판결이 나기까지 일정 시일이 소요된다. 이때 결정이나 판결이 나기 전에 점유 상

대방이 그 점유를 다른 사람에게 넘겨버리면 인도명령이 결정되거나 명도 판결이 나더라도 점유자가 변경되어 강제집행이 불가능해진다. 이에 따라 점유자가 바뀌어도 강제집행이 가능하도록 하기 위해 점유의 상대방이 누구든 상관없이 강제집행의 효력을 보전하는 효과를 가진 것이 바로 점유이전금지 가처분이다.

현 점유자를 상대로 점유이전금지 가처분을 해두면 나중에 점유자가 바뀌어도 승계집행문을 부여받아 강제집행이 가능하므로, 특히 명도소송을 할 때는 반드시 점유이전금지 가처분을 함께 신청해 받는 것이 좋다.

잡소리

점유자 명도 시에도 최대한 예의를 지키자

인도명령이나 명도소송은 법적으로 점유자를 강제로 쫓아내기 위한 방안을 마련해두는 것이다. 이것을 실제로 점유자를 강제로 쫓아내려는 목적으로 준비하는 사람은 거의 없다. 대개 압박수단이다. 실제 강제집행까지는 처리할 서류도 많고 기일도 꽤 걸린다. 또 실제 강제집행 전에 경고의 의미인 계고를 하러 방문하는 절차도 있어서 번거롭다.

좋은 게 좋은 거라고, 경매로 소유권을 이전받은 새로운 소유자에게는 점유자를 강제로 쫓아낼 권한까지 있으니 좋은 말로 할 때 스스로 나가라는 의미를 부여하는 것 정도로 이해하면 된다.

평범한 사람이 살면서 경매를 당하는 게 그리 흔한 일은 아니다. 당하는 점유자의 입장도 황당한 것이다. 고의를 가지고 일부러 계속 점유하고 새로운 소유자를 괴롭히는 경우가 아니라면 가능한 한 예의를 잃지 않고 정중히 대하는 것이 좋다.

강제집행 시
현명하게 협상하기

강제집행을 하게 되면 점유자와의 감정다툼, 시일이 지체되어 부동산을 이용할 수 있는 시기가 늦어지는 점, 최고가 매수인으로서 해결에 대한 부담이 가중되는 점 때문에 대부분은 강제집행 전에 협상을 통한 점유자 퇴거방식을 선호한다. 퇴거 협상 시 주요 협의 내용은 이사를 언제 할 것인가와 관리비 및 이사비의 분담을 어떻게 할 것인가다.

먼저 이사일자를 언제로 할 것인가에 대해서는 정답이 없다. 수용할 수 있는 수준이 될 때까지 꾸준히 대화하며 서로의 의견을 좁혀가는 것이 최선이다. 매수인의 입장에서는 조금이라도 더 빨리 내보내기를 선호하고 점유자는 조금이라도 더 여유 있게 이사일자를 정하고 싶어 한다. 당연하지만 자신의 생각만 앞세우다가는 오히려 더 큰 문제가 생길 수도 있으므로 인내심을 갖고 꾸준히 대화해나가는 게 좋다. 강제집행이 가능하다고 해서 대화가 안 되면 강제로 퇴거시키겠다고 생각하는 것은 그리 현명하지 않다.

관리비도 서로에게 미루는 경우가 대부분이고, 이사비도 마찬가지다. 비용 부분은 강제집행비를 감안해 그 이내에서 미납 관리비와 이사비를 고려해 협의하는 것이 좋다. 이사비를 꼭 많이 줄 필요는 없지만 아예 주지 않는 것도 그리 좋은 방법은 아니다.

조금이라도 배당을 받을 수 있는 점유자인 경우 매수인의 명도확인서를 제출해야 배당금을 받을 수 있기에 퇴거 협상에서 매수인이 조금은 더 유리한 입장을 가질 수 있다. 따라서 배당을 받는 임차인과의 협상에서는 실제 이사 여부를 확인하고, 당일에 명도확인서를 주고받는 것이 가장 좋은 방법이다.

명도를 위한 협상과정과
노하우 알아보기

협상은 대개 다음과 같은 과정을 거치게 된다. 이 과정에서 가장 중요한 것은 상대방의 입장을 잘 이해하는 것이다. 감정만 앞세우거나 비용에 대해 너무 민감하게 구는 행동은 오히려 협상이 원만하게 이루어지지 않게 할 수 있다.

탐색	상대의 입장과 감정을 파악하는 과정: 궁금, 체념, 두려움, 분노
교감	상대의 감정을 이해하는 과정: 상대의 감정을 충분히 이해하고 있음을 인식시키는 과정
협상	자신의 의견과 입장을 전달하는 과정: 자신이 처한 상황에 대해 상대방이 받아들이도록 이해시키는 과정
클로징 (Closing)	마무리하는 과정: 자신이 제시하는 내용으로 합의하고 문서화하는 과정

경매 부동산을 매수한 사람은 채권자와 채무자 사이에 끼어든 이방인 같은 존재다. 법적 절차를 통해 정당하게 개입하기는 했지만 애초에 둘 사이의 사적인 문제에 끼어든 상황이다 보니 채무자나 점유자의 눈에 좋게 보일 리가 없다. 투자자 입장에서 보면 점유자에게 할 말은 거의 정해져 있다. 바로 나가라는 말이다. 그것도 빨리 나갈수록 좋다. 어느 쪽이든 채무자가 제일 싫어하는 소리일 수밖에 없다. 결국 투자자는 항상 남들이 듣기 싫어하는 말만 하러 다니는 존재인 것이다.

기본적으로 투자자가 경매로 매수한 부동산을 점유하고 있는 소유주나 임차인은, 자신의 잘못 혹은 무지로 인한 손해에 대해 화풀이할 만한 제3의 대상이 필요해진다. 그리고 그 화풀이 대상은 거의 대부분 낙찰자가 된다. 투자자 입장에서 어떻게 해야 점유자와 최대한 빨리 협상을 마무리할 수 있을까? 협상에는 정해진 원칙이 없기에 더더욱 답답할 수밖에 없다.

협상의 정도란 없지만 대체로 가장 유효한 방법은 투자자 본인의 성격대로 하는 것이다. 본인에게 맞지 않는 방법은 아무리 잘 활용해도 역효과가 날 확률이 높다. 차라리 자신의 성격대로 처리하는 것이 더 나을 수 있다. 여기에 한 가지 덧붙인다면 상대의 자존심을 자극하는 말을 삼가는 것이다. 경매를 당한 사람은 대부분 마음속에 체념과 분노의 감정이 공존하게 된다. 그래서 협상을 할 때 투자자가 주의해야 할 것은 점유자의 감정을 자극하지 말아야 한다는 점이다.

이때 효과적인 방법은 상대와의 교감이다. 처음 내쫓아야 하는 점유자와 만나면 상대의 감정을 충분히 이해하고 있음을 주지시키는 데 집중하는 게 좋다. 때에 따라서는 상대와 함께 분노하고, 점유자를 이런 상황에 빠뜨린 경매신청자, 즉 채권자를 함께 욕할 수도 있다. 아무것도 아닌 듯하지만 이런 사소해 보이는 것들이 협상을 부드럽게 만드는 장치로 작용할 수 있다.

두 번째 만남에서는 자신의 의견과 입장을 전달하는 과정을 거치게 된다. 법적 절차와 이에 따른 비용에 관한 협의는 이때 전달하면 된다. 첫 만남에 너무 큰 무게를 두면 반발을 불러일으킬 수도 있으니 이런 형식으로 한 박자 늦춰 협상을 진행하는 것도 나쁘지 않다.

경매를 당하는 상대방도 이제까지 이런 경험을 거의 못해봤을 확률이 높다. 그렇기에 상대방도 분명 당황스러운 상태일 것이고, 그런 상황에서 무리하게 밀어붙이다간 일이 더 꼬일 수도 있으니 조심스럽게 접근하는 것이다.

이 같은 접근은 보는 관점에 따라 좋은 협상 방법이 아닐 수도 있다. 그러나 타고난 자신의 성격을 버리고 전혀 새로운 방식으로 대화를 한다는 건 사실 어려운 일이다. 그러니 자신에게 맞는 협상 방법은 스스로 터득하는 것이 가장 좋다. 협상은 본인의 성격대로 솔직하게 대화하는 게 가장 현명하다.

점유 상대방도 경매가 진행되는 동안 주변에 조언을 구하고 도움이 되는 말을 많이 들었을지 모른다. 하지만 주변 사람들은 직접적인 당사자가 아니므로 피상적인 이야기를 해줄 수밖에 없다. 반면 경매 부동산을 매수한 사람은 적극적인 개입을 통해 이해관계인이 된 것이므로 상대의 이야기만 잘 들어줘도 훌륭한 대화 상대가 될 수 있다. 이 점을 항상 명심해야 한다.

처음 상대방과 만나서 낙찰자라고 인사했을 때 상대방이 얼른 반응을 보이지 않거나 어쩌라는 식의 반응을 보이는 경우도 있다. 그럴 때 당황스럽거나 어색해지는 상황을 우려해 준비되지 않은 말을 할 필요는 없다. 생각지 못한 상황에서 이것저것 말을 뱉다 보면 실수할 수도 있고 상대방이 자신을 공격하는 빌미를 줄 수도 있기 때문이다. 그러니 첫 만남에서는 한꺼번에 목적을 달성하려고 무리하거나 쓸데없는 말을 하기보다, 첫 방문의 목적은 낙찰자로서 인사를 온 것뿐이라는 사실을 계속 인식시켜야 한다.

만약 상대방에게 인사하러 왔다고 명확하게 말했는데도 별 반응을 보이지 않으면 그냥 연락처만 교환하고 나오는 것도 나쁘지 않다. 상대방이 반응을 보이지 않는데 굳이 거기에 이런저런 말을 덧붙이는

6장 경매 부동산의 새로운 시작

것은 별로 도움이 되지 않는다. 자칫 자신의 의도를 상대방이 안 좋은 쪽으로 생각해버릴 수도 있어 다음 협상에 불리하게 작용할 소지가 있기 때문이다. 그런 상대방에게는 연락처를 교환하는 정도로만 끝낸 뒤 돌아와 일반우편이나 내용증명으로 현 상황에 대해 알리고 협의할 생각이 있으면 연락을 달라고 당부하는 것이 나을지도 모른다.

경매 부동산을 낙찰받고 좋은 것은 낙찰받은 그때뿐이다. 경매는 낙찰이 되어야 비로소 모든 일이 시작된다. 골치 아픈 일은 낙찰을 받아야 벌어진다. 그러니 낙찰을 받게 되면 그 즉시 점유자를 찾아가 인사하고 협상을 시작하는 게 좋다. 하루라도 빨리 상대방을 만나서 이야기를 나눠야 상대방도 더 빨리 생각을 결정하고 마무리할 결심을 할 수 있다.

부동산이 경매에 들어가는 순간부터 거기에 거주하는 점유자는 부동산이 낙찰되면 그 집을 떠나야 한다는 것을 안다. 그건 누가 나서서 말해주지 않아도 알 수 있다. 그리고 점유자는 실제 부동산이 낙찰되는 순간부터 언제 낙찰자가 찾아와서 나가라고 할지 신경을 쓰기 시작한다. 경매 부동산을 매수한 사람이 상대방을 찾아가 만나는 이유는 딱 하나다. 재계약을 목적으로 하는 투자가 아닌 한 투자자가 점유자를 만나는 이유는 빠른 퇴거 요청이다.

점유자가 언제 나갈지 알 수 없지만 낙찰자가 연락하는 순간부터 퇴거를 위한 협상은 시작되는 것이다. 상대방은 낙찰자가 찾아오는 이유를 이미 알고 있으니 굳이 먼저 퇴거의 말을 꺼낼 필요는 없다. 점유 상대방이 첫 만남에서 별로 대꾸하지 않고, 낙찰자와 말을 섞으려 하지 않는 이유는 대부분 당황스러운 마음에서 그런 것이다.

그러니 첫 만남에서 상대방의 그런 반응을 보면 그저 그런가 보다 하고 지나치는 게 낫다. 첫 만남에서 많은 것을 얻거나 대화하지 못해도 당황하거나 걱정할 필요는 없다. 점유 상대방으로부터 별다른 반응이나 대답을 얻지 못했다고 해서 다음번에도 반드시 다시 찾아와 협상을 해야 하는 것은 아니다. 첫 만남에서 연락처를 교환했으니 필요한 경우에는 전화로 협상을 하면 된다. 굳이 멀리 떨어져 있는 곳을 협상 때마다 방문할 필요는 없다. 전화와 우편이라는 좋은 협상 도구가 있으니 이를 충분히 활용하면 된다.

협상은 최대한 빨리 시작하되 말은 천천히 깊게 생각하고 진행하는 것이 좋다. 어쩌면 가장 효과적인 협상 방법은 말을 줄이고 상대방의 말을 많이 듣는 것인지도 모른다. 서로의 이야기를 듣고 절충점을 찾는 것이 협상임을 잘 알면서도 그걸 현장에서 적용하기는 또 어렵다.

세상에 손해를 보고 싶어 하는 사람은 하나도 없다. 그런데 부동산 경매에서의 명도 협상은 상대방에게 손해를 보도록 해야만 하는 것이다. 그러니 협상이 항상 껄끄러울 수밖에 없다. 껄끄럽다면 듣기만 하면 된다. 듣기만 하는 것도 좋은 협상 방법이 될 수 있다.

잡소리

말솜씨는 중요하지 않다

대한민국의 성인 중 50%는 자기가 말을 조리 있게 잘한다고 착각한다. 또 나머지 대부분은 자기가 필요할 때 할 말은 할 줄 안다고 착각한다. 사람들은 누구나 자기만의 말하는 방식이 있다. 말을 하지 않는 것도 대화방식 중 하나다.

말을 잘하는 사람은 많다. 대화법 책도 많고 협상에 관한 책도 많고 화법을 가르치는 교육도 있다. 그런 책을 보고 교육을 듣는다고 말을 잘하게 될까? 물론 잘할 수 있다. 그러나 시간이 걸린다. 특히 자기 몸에 익숙해지게 하려면 아주 오랜 시간이 걸린다.

세계 최고의 자동차 판매왕이라 불리는 조 지라드라는 사람이 있다. 1년 동안 차를 1,425대나 팔았고, 하루에 최고 18대까지 판 적도 있다고 한다. 아무튼 대단한 영업왕이라는데 그 사람이 자동차를 많이 판 비결로 꼽는 게 끊임없는 접촉이다. 언제고 차는 살 테니 계속해서 접촉해두면 결국은 연락해올 것이라는 믿음으로 자기가 아는 모든 잠재고객에게 매달 DM을 보내고 관리해온 게 가장 큰 비결이라는 것이다. 물론 다른 비결도 있었겠지만 핵심은 끊임없는 접촉이다.

상당수의 사람들이 부동산 경매에 관심을 가지면서도 명도를 생각하면 걱정이 된다고 한다. 말을 잘한다고 생각하는 사람은 많아도 그 말재주로 상대를 내쫓기는 힘들다고 여기는 것이다. 그런데 과연 명도할 때 말을 잘하는 게 중요할까?

필자는 스스로 협상을 잘하거나 말을 잘한다고 느낀 적이 없다. 필자가 협상하는 모습을 우연히 보고 진짜 말 잘한다고 칭찬한 사람이 있기는 하다. 하지만 그건 그때까지의 경험과 노력으로 단련된 결과물일 뿐이다. 누구나 경험이 쌓이면 잘할 수 있다. 하지만 이제 막 시작하려는 우리가 그렇게 말 잘하고 협상 잘하는 방법까지 배운 뒤 부동산 경매를 하자면 절대로 시작할 수 없다.

그럴 땐 끊임없는 접촉이 답이라는 걸 떠올려봐도 좋다. 협상이 어렵고 힘들지만 집을 나가야 하는 것은 자신이 아니라 상대방이다. 상대가 느끼는 압박감은 상상을 초월한다. 경매를 밥 먹듯이 당하는 사람은 없다. 상대방도 명도를 당하는 것은 굉장히 생소하고 두려운 경험이다. 그런 사람에게 '나가라'는 말을 굳이 할 필요가 없다. 그저 지속적으로 접촉해 상대방이 스스로 압박감을 느끼게 하는 것으로도 충분하다. 물론 아닌 사람도 있다. 절대적인 건 없으니까.

보험사 다니는 사람이 만나자고 하고 찾아오면 어떤가? 상대방 입에서 보험 얘기가 나오지 않아도 계속 보험이 머릿속에 떠오르지 않는가? 마찬가지다. 상대방에게 명도 얘기를 꺼내지 않아도 우리가 계속 연락하는 것만으로 상대방의 머릿속에는 명도와 이사라는 단어가 계속 떠오를 것이다.

명도해야 할 점유자를 만나서 무슨 말을 해야 할지 궁금해할 필요는 없다. 아무 말도 하지 않아도 상대방은 이미 알고 있다. 그저 인도명령과 명도소송을 통해 상대방에게 안부인사를 건네는 것만으로도 충분할 수 있다. 물론 그렇게 해도 안 되는 사람은 어쩔 수 없다. 강제집행은 그럴 때 쓰라고 있는 것이다. 말을 잘 못해서, 협상을 못해서 강제집행을 하는 사람은 없다. 못난 매수인이 있는 게 아니라 못된 점유자가 있다는 것을 명심해라.

부동산 수리,
직접 하는 게 이득이다

경매로 부동산을 산다는 건 대개 투자가 목적이다. 실거주가 목적인 사람도 있겠지만 전체적으로 보면 극히 일부에 지나지 않을 것이다. 투자가 목적이라면 매수해서 임대를 놓아야 하니 최고급까지는 아니어도 임차인이 선호할 만한 정도로는 수리를 해야 한다. 이미 여러 번 투자를 경험한 사람이라면 그리 어려울 것이 없겠으나, 처음 투자하는 사람이라면 어디를 얼마의 비용으로 어느 정도 수리할 것인가에 대한 고민이 생길 수밖에 없다. 경매에 나온 부동산은 내부 집기 등의 노후화가 상대적으로 심한 편이므로 최대한 깔끔하게 수리해주어야 한다.

돈을 많이 쓰면 쓸수록 보기 좋고 이용하기도 편리하지만 그만큼 수익률은 줄어드니 경매 부동산의 수리는 항상 적정선에 대한 고민이 생기게 된다. 완벽하면 좋지만 완벽에는 한도가 없다. 투자의 목적이니 최저의 비용으로 최대의 효과를 내는 게 목적이겠으나 초보자에게 쉽지 않은 일이다. 요즘에는 어려운 부분 외에 웬만한 수리는 직접 하는 사람도 많아졌고, DIY 형태로 나온 인테리어 제품도 많아서 시간만 허락되면 업자에게 맡기는 것보다 훨씬 더 저렴하게 수리와 인테리어를 할 수 있다.

효과적인 수리
노하우 3가지

아무리 돈이 없어도 수리는 꼭 해야 한다. 최소의 비용으로 최대의 효과를 내고 싶다면 이것 3가지만 기억하면 된다. 이 3가지가 제대로 되지 않으면 소탐대실이 될 수 있다.

먼저 도배와 장판이다. 벽지는 집안의 내부 분위기를 좌우한다. 그러니 지저분하지 않다고 하더라도 분위기 전환을 위한 교체는 필수라고 할 수 있다. 가능하면 밝은 색으로 바꾸는 게 좋고 자재는 눈치 볼 필요 없이 그냥 싼 것을 사용하면 된다. 장판도 마찬가지다. 밝은 색의 벽지와 장판은 집 안을 넓게 보이게 만드는 효과도 있다. 그러니 지금 당장 괜찮다고 비용을 아끼려고 하지 말고 오래 쓸 수 있도록 웬만하면 교체하는 것이 좋다.

둘째로 싱크대 부분이다. 깔끔하고 새것 같다면 문제없겠으나 그게 아니라면 웬만하면 교체하는 것이 좋다. 돈을 아끼기 위해 노후한 싱크대에 시트지만 붙여서 마감하는 사람들도 있기는 하지만 완전 교체하는 것과는 큰 차이가 날 수밖에 없다.

마지막으로 화장실이다. 타일, 욕조, 거울, 세면대, 변기 등의 때는 치명적이다. 노후화되어 있다면 돈이 들더라도 전부 새로 교체하는 게 좋다. 화장실이 제대로 정리되어 있지 않으면 임차인에게 선택받기도 어렵고 선택받더라도 임대료가 낮아질 수 있다. 다만 가장 큰 비용이 드는 만큼 돈이 없어서 전체 교체가 불가능하다면 거울과 세면대는 교체하고 타일의 줄눈 정도는 새로 해넣어야 한다. 이 정도만 해도 화장실 전체 분위기가 달라질 수 있다.

그 외에 방문과 문틀 부분을 흰색이나 밝은 색 페인트로 칠하면 집 전체를 깔끔하게 만드는 효과가 있다.

정확한 통계는 아니지만 직접 수리를 하는 것과 업자에게 맡기는 것은 비용 면에서 5배 정도나 차이가 나기도 한다. 그렇다고 무조건 직접 수리하는 것이 좋다는 것은 아니다. 수리의 질이 떨어질 수도 있고 비용을 아끼는 것 이상으로 수리에 본인의 시간을 써야 하는 문제가 있기 때문이다. 정답은 없다. 각자 처한 상황과 형편에 맞게 판단해서 진행하면 된다.

잡소리

수리는 성향에 맞게 결정하자

수리비용은 지역마다, 수리업자마다 천차만별이라는 말이 많다. 여전히 얼마 정도의 돈이 적정한 것인지 헷갈려 하는 사람이 많다. 부동산 경매를 하다 보면 업자보다 더 저렴한 가격으로 부동산을 변신시키는 사람도 많이 만나게 된다. 또 업자에게 수리를 맡겼다가 돈은 돈대로 쓰고 후회하는 사람도 본 적이 있다.

개인적으로 워낙 손재주가 없어서 수리는 수리업자가 하는 게 맞다고 생각하는 편이다. 그런데 기본 수리는 소유자가 하는 게 옳다고 생각하는 사람도 경매업계에는 꽤 많다. 누구 생각이 맞는 것인지는 본인 상황에 따라 달라질 수 있다. 손재주가 있으면 직접 해서 돈을 아끼고 손재주가 없으면 전문가에게 맡기라는 말이다. 수리업체는 여러 곳을 알아보고 그중에 싼 곳에서 하면 된다.

필자는 수리에는 특별히 관심이 없어서 살고 있는 집 수리를 할 때도 거의 보지 않았다. 거기에는 필자의 허세도 한몫했다. 수리하러 알아보고 직접 수리할 시간에 투자를 하면 더 큰 수익을 낼 수 있다는 허세에 찌들어 있었다. 지금도 그렇다. 어떻게 수리를 해야 하는지, 또 얼마의 비용이 들 것인지 알아보는 건 복잡한 일이다. 그러나 어디에 투자하는 게 좋은지를 찾아보고 연구하는 건 여전히 재미있다. 각자 타고난 성향에 맞춰서 하면 된다. 성향에 맞지 않으면 집수리나 인테리어는 절대 직접 할 수가 없다.

핵심내용

- 부동산 경매에서의 명도란 매수한 부동산에 거주하고 있는 점유자(소유자, 임차인 등)를 내보내는 것을 말한다.
- 인도명령은 정당한 점유의 권한이 없는 점유자를 상대적으로 손쉽게 퇴거시킬 수 있도록 하는 절차다. 매수인은 경매 부동산의 잔금을 완납한 후 6개월 이내에 인도명령을 신청해야 한다.
- 점유자가 대항력 없는 점유자임을 입증하는 서류와 함께 인도명령 신청서를 제출하면 법원은 채무자 및 소유자에 대해 3일 이내에 인도명령 결정을 내리도록 되어 있다.
- 점유자가 바뀌어도 강제집행이 가능하도록 하기 위해 점유의 상대방이 누구든 상관없이 강제집행의 효력을 보전하는 효과를 가진 것이 바로 점유이전금지 가처분이다.
- 이사일자를 언제로 할 것인가에 대해서는 정답이 없다. 수용할 수 있는 수준이 될 때까지 점유자와 꾸준히 대화하며 서로의 의견을 좁혀가는 것이 최선이다.
- 강제집행비를 감안해 그 이내에서 미납 관리비와 이사비를 고려해 협의하는 것이 좋다. 이사비를 꼭 많이 줄 필요는 없지만 아예 주지 않는 것도 그리 좋은 방법은 아니다.

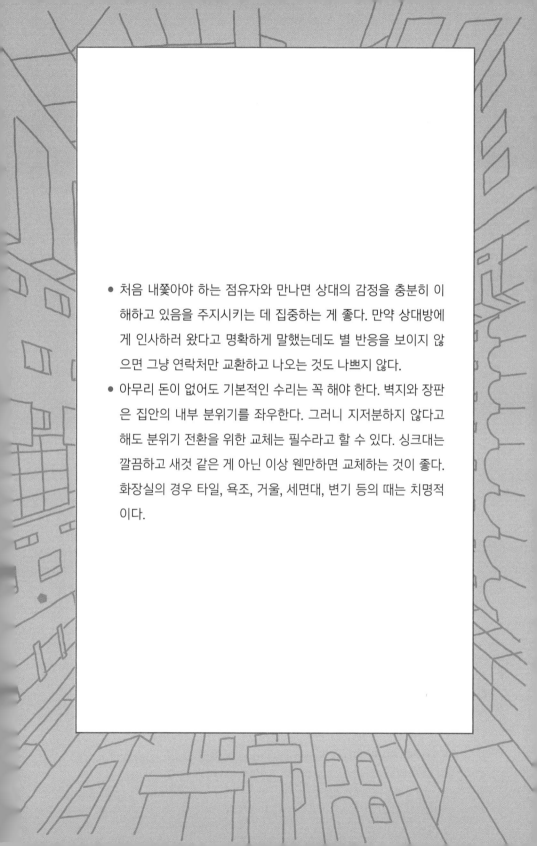

- 처음 내쫓아야 하는 점유자와 만나면 상대의 감정을 충분히 이해하고 있음을 주지시키는 데 집중하는 게 좋다. 만약 상대방에게 인사하러 왔다고 명확하게 말했는데도 별 반응을 보이지 않으면 그냥 연락처만 교환하고 나오는 것도 나쁘지 않다.
- 아무리 돈이 없어도 기본적인 수리는 꼭 해야 한다. 벽지와 장판은 집안의 내부 분위기를 좌우한다. 그러니 지저분하지 않다고 해도 분위기 전환을 위한 교체는 필수라고 할 수 있다. 싱크대는 깔끔하고 새것 같은 게 아닌 이상 웬만하면 교체하는 것이 좋다. 화장실의 경우 타일, 욕조, 거울, 세면대, 변기 등의 때는 치명적이다.

부록

$

✓ 유용한 경매 정보사이트
✓ 부동산 경매, 이것이 궁금해요!

유용한 경매 정보사이트

· 국가 및 공공기관이 운영하는 곳

대한민국 법원 법원경매정보(www.courtauction.go.kr)

법원에서 운영하는 사이트로, 경매 진행 중인 부동산을 확인할 수 있으며 부동산 경매절차와 경매 집행에 소요되는 비용을 계산하는 기능이 있다. 경매에 참여하는 방법, 각종 경매와 관련된 서식을 다운로드할 수 있다.

온비드(www.onbid.co.kr)

한국자산관리공사가 운영하는 압류, 국유, 공유재산, 부동산 등의 인터넷 공매 사이트. 국가 및 지방자치단체의 압류재산의 매각 외에 보유자산 등의 임대(공용주차장, 학교 매점 등)도 온비드에서 실시한다.

국토교통부 실거래가 공개시스템(rt.molit.go.kr)

아파트, 다세대, 단독, 오피스텔, 분양권, 토지 등에 관한 실거래가격 정보를 제공한다. 지도로도 검색해서 확인 가능하도록 바뀌어 이용이 편리해졌다.

대한민국 법원 인터넷등기소(www.iros.go.kr)

부동산등기(부동산 등기사항 증명서) 발급과 열람이 가능하다. 등기신청 수수료의 전자납부는 물론이고 모든 부동산 관련 등기(소유권이전 및 근저당 등의 설정)를 전자 신청할 수 있다(단, 경매로 매수한 부동산은 전자신청 불가). 전자로 등기신청을 하기 위해서는 사전에 등기소에 출석해 사용자 등록을 해야 한다.

민원24(www.minwon.go.kr)

부동산과 관련된 각종 민원서류(건축물대장, 토지대장 등)의 인터넷 발급이 가능하다. 기타 주민등록등본 및 초본과 같은 생활민원 서류도 인터넷으로 발급받을 수 있다.

씨:리얼(seereal.lh.or.kr/main.do)

기존 '온나라 부동산정보 종합포털(www.onnara.go.kr)'을 개편한 것이다. 한국토지주택공사에서 운영하는 부동산 정보 포털서비스로, 인구와 주택 등에 관한 각종 통계, 생활정보 및 정책정보 확인이 가능하다. 전국을 항공지도로 살펴볼 수 있는 서비스를 제공하고 있어 편리하다.

일사편리 부동산 통합민원(kras.seoul.go.kr)

부동산 종합증명서를 무료로 열람할 수 있으며, 부동산과 관련된 각종 민원을 사이트 내에서 전자 신청할 수 있다.

서울부동산정보광장(land.seoul.go.kr/land/)

서울 지역 부동산의 실거래가와 아파트 분양 및 전월세 가격 정보를 확인할 수 있다.

· 민간 회사가 운영하는 곳

주요 부동산 경매 정보 제공업체

지지옥션(www.ggi.co.kr)

굿옥션(www.goodauction.co.kr)

스피드옥션(speedauction.co.kr)

주요 부동산 시세 정보 제공업체

KB부동산 리브온(nland.kbstar.com)

부동산114(www.r114.com)

호갱노노(hogangnono.com)

부동산 경매, 이것이 궁금해요!

Q. 경매를 처음 공부하면서 책을 읽어보려고 합니다. 그런데 경매 관련 책이 너무 많아 어떤 책을 봐야 할지 모르겠습니다. 공부할 책을 고를 때 무엇을 기준으로 보면 좋을까요? 그냥 무조건 많이 읽으면 될까요?

A. 부동산 경매는 「민사집행법」의 규정에 따라 법원에서 이뤄지는 부동산의 매각행위이므로 법률용어가 대부분입니다. 따라서 법률용어에 익숙하지 않은 사람이 처음 경매를 공부하면 이해되지 않는 내용이 많을 수밖에 없습니다. 당연히 많이 읽고 공부하다 보면 소위 말하는 문리(文理)가 트여 자연스럽게 이해할 수 있는 날이 올 것입니다. 하지만 문제는 잘 이해되지도 않고 재미도 없는 내용을 얼마나 지속적으로 공부할 수 있을까 하는 것입니다. 웬만한 의지가 아니고서는 지속하기 어렵습니다. 특히 직장인이라면 부족한 시간을 쪼개서 경매 공부를 한다는 것이 더 어려울 수밖에 없습니다.

처음 경매를 공부하는 분이라면 모르고 이해 안 되는 내용을 주구장창 읽기보다는 경매 성공담을 이야기하는 형태의 책을 읽는 것이 좋습니다. 성공담 위주의 책은 초보자에게 동기 부여도 되고 꼭 해보고 싶다는 욕구를 강하게 만들어줄 수 있기에 처음 시작하는 분들에게 괜찮은 길잡이가 될 수 있습니다.

다만 이런 성공담 위주의 책은 다른 사람의 경험을 간접적으로 체험하는 것이기에 많이 읽을 필요는 없습니다. 재미있고 신기한 내용이 많아서 흥미를 끌긴 하지만 간접체험은 한계가 명확합니다. 아무리 읽어도 자신의 지식으로 바뀌지는 않기 때문입니다. 이런 성공담 위주의 책에는 초보자가 경험하기에 적당한 내용도 있지만, 아무래도 저자의 전반적인 경매 경험이 담기다 보니 초보자가 이해하기 어려운 내용도 많습니다. 그래서 한두 건만 해도 엄청난 돈을 벌 수 있을 거라고 착각하게 만들 수도 있고, 오히려 경매가 어려워서 못하겠다는 소심한 생각을 불러일으킬 수도 있습니다. 그러니 이런 유형의 책은 스스로의 의지를 다지기 위한 도구로 몇 권만 읽어도 충분합니다.

이후에는 가장 최근에 나온 것으로 기본기를 다룬 책을 2권 이상 읽으면 괜찮습니다. 가장 최근에 나온 책을 읽어야 하는 이유는 경매와 관련된 규정은 시대에 맞게 계속 바뀌기 때문에 예전에 나온 책은 새로운 내용이 빠져 있거나 수치 등이 잘못 나왔을 수도 있기 때문입니다. 초보자 입장에서는 이런 바뀐 내용들을 다 파악해서 따로 공부할 수 없기에 이왕이면 가장 최근에 나온 책으로 공부하는 게 효율적입니다.

이런 책을 2권 이상 읽어야 하는 이유는 책들을 서로 비교해서 다르게 표현하거나 잘못된 내용이 있는지를 확인하기 위해서입니다. 경매와 관련된 대부분의 규정은 명확해서 책의 내용이 틀릴 여지는 많지 않습니다. 그러나 실수로 간혹 내용이 달라질 수도 있기 때문에 여러 권의 책으로 공부하는 게 좋습니다.

Q. 평일에는 시간을 활용하기가 어려운 직장인입니다. 법원에 갈 때마다 휴가를 낼 수도 없고요. 그래서 알아본 것이 대리입찰이라는 것인데 어떻게 하면 될까요?

A. 「민사집행법」, 「공인중개사의 업무 및 부동산거래신고에 관한 법률」, 「공인중개사의 매수신청대리인 등록 등에 관한 규칙」에 의해 우리나라에서는 변호사, 법무사 및 매수신청대리인 등록을 한 공인중개사만이 소정의 수수료를 받고 대리입찰을 할 수 있습니다. 간혹 지인들끼리 교통비 정도만 받고 대리입찰을 해주는 경우도 있기는 하나, 정식 자격이나 매수신청대리인으로 등록하지 않고 수익을 목적으로 반복적으로 하는 것은 불법이니 주의해야 합니다.

경매 매수 신청을 위한 대리입찰을 하려는 경우 대리인에게 본인(입찰하려는 자)의 인감도장이 날인된 위임장과 인감증명서를 주어야 합니다. 간혹 대리인에게 인감도장을 맡기기도 하는데 미리 필요서류 등에 날인을 해두면 굳이 그럴 필요는 없습니다. 여기에 본인이 생각하는 입찰가격과 함께 입찰보증금 10%를 대리인에게 맡기면 됩니다.

인감증명서 등의 주요 서류와 돈을 맡겨야 하는 문제이므로 대리입찰은 믿을 만한 곳에 맡겨야 합니다. 추후 패찰되었을 때 다른 부동산 입찰을 도와주겠다며 보증금 반환을 미루는 곳도 있을 수 있으니 주의할 필요가 있습니다.

대리입찰에 따른 수수료는 최고가 매수인으로 선정되고 매각허가결정이 확정되는 경우 감정가의 1% 이하 또는 최저매각가격의 1.5% 이하 범위 안에서 당사자 간 합의에 의해 결정하고, 패찰하는 경우에는 50만 원의 범위 안에서 당사자 간 합의해 결정하도록 되어 있습니다. 여기에 더해 교통비 등의 실비 수수료가 발생하는 경우 30만 원의 범위 안에서 역시 당사자가 합의해 결정하게 됩니다. 다만 대리입찰 수수료는 진행하는 업체마다 천차만별이니 굳이 법정수수료에 구애받을 필요는 없습니다.

Q. 부동산 투자 시 현장 방문이 중요하다는 건 알고 있습니다. 그런데 경매 부동산은 임장을 할 때 특별히 더 주의해서 볼 게 있나요?

A. 부동산 임장 시 확인해야 할 사항으로는 매매시세 및 임대시세, 임대수요, 부동산의 상태, 그리고 점유자의 명도 난이도 및 부담해야 할 비용 등이 있습니다.

시세의 경우 규격화된 아파트나 오피스텔 등은 인터넷으로 얼마든지 시세 파악이 가능합니다. 하지만 빌라 같은 다세대주택이나 연립주택 등은 같은 지역이라도 시세가 명확하지 않은 편이라 반드시 현장 방문을 통해 정확한 확인이 필요합니다. 또한 부동산은 지역 편차가 심하기에 임대수요 등도 현장에서 꼼꼼히 확인해봐야 합니다.

현장 임장의 또 다른 주요 목적은 부동산의 상태를 확인하는 것이라고 할 수 있습니다. 현 점유자(소유주 및 임차인)가 해당 부동산을 얼마나 깨끗하게 쓰고 있는지, 수리를 하고 거주하는지를 잘 파악해서 입찰가격을 산정하는 데 고려해야 추가적인 비용을 줄일 수 있습니다.

그 밖에 현 점유자의 성격이나 특성을 파악하는 것도 중요합니다. 점유자를 내보내는 명도과정이 늦어지면 그만큼 해당 부동산을 활용하는 시기가 늦어지고, 투자가 목적인 경우 수익률을 높이는 데 큰 방해요소가 되기 때문입니다. 원칙적으로 점유자가 늦게 나가면 그 기간만큼의 비용도 받아낼 수 있습니다. 하지만 이는 어디까지나 이론적인 내용입니다. 실무에서는 그런 부당이득을 점유자로부터 받아내는 것이 쉽지 않습니다. 냉정하게 분석해서 점유자의 명도가 힘들거나 시간이 오래 걸리겠다는 판단이 들면 전략적으로 해당 부동산에 입찰하지 않는 게 효율적일 수도 있습니다. 그 밖에 집행관이 조사한 이후 발생한 낙찰자가 부담해야 할 추가 관리비 등의 비용이 있는지, 또는 서류상으로 나타나지 않은 기타 흠이 있는지도 현장 방문을 통해 알아내야 할 주요 내용에 포함됩니다.

Q. **경매 부동산을 고를 때 마음에 쏙 드는 물건을 찾는 노하우가 있을까요?**

A. 이 세상에 자신만 알 수 있는 1급 정보는 없습니다. 같은 의미로, 자신의 마음에 쏙 드는 물건은 다른 사람의 눈에도 예뻐 보이기 마련입니다. 따라서 그런 물건은 결국 입찰가격을 높게 쓰는 사람이 가져가게 됩니다.

경매시장에서는 마음에 쏙 드는 물건이나 좋은 물건을 기다리기보다는, 내재된 가치보다 싼 물건을 찾아내야 합니다. 그러다 보니 대지권 미등기 혹은 유치권이 있는 물건 등 일반인이 보기에 복잡해 보이는 물건을 조사하고 낙찰받아서 하자를 해결해야 돈이 된다고 말하는 사람도 있습니다. 틀린 말은 아니지만 초보자 입장에서 그런 물건을 받아 해결하려면 눈앞이 깜깜합니다. 이제 고작 규칙만 깨우쳤을 뿐 실전 경험은 거의 없으니 겁이 나는 것이죠. 그래서 값비싼 부동산만 눈에 띄는 것일지도 모릅니다. 다시 말하지만 마음에 쏙 드는 물건을 경매 부동산에서 찾기란 참 어려운 일입니다. 마음에 들면서 가격까지 싼 물건은 우리 같은 초보자의 눈에 잘 보이지 않을뿐더러 간혹 있더라도 입찰에서 다른 사람이 비싼 가격으로 낙찰받게 됩니다. 따라서 경매 부동산에 투자하려는 목적을 다시 생각하고 그 목적에 맞는 부동산을 찾는 게 가장 좋습니다.

예를 들면 자신이 직접 거주할 부동산을 사려고 한다면 이미 투자할 지역을 정해두었을 것입니다. 어쩌면 특정 아파트단지나 브랜드까지 정했을 가능성도 큽니다. 마음에 두고 있는 부동산이 경매에 나왔다면 그 부동산의 실거래가와 급매가를 파악해 그 가격보다 싼 가격으로 입찰하는 것이 정답입니다. 경매 부동산은 일정한 수리비용이 필요하고, 이사비나 낙찰자가 부담해야 하는 관리비 등의 추가 비용이 들 수 있으니 각종 비용을 공제하고도 급매가보다 싼 가격이라면 한번 도전해봐도 좋을 것입니다.

또 다른 예로 임대 목적의 부동산을 경매로 매수하려는 계획을 가지고 있다고 칩시다. 이런 부동산은 자신의 맘에 드는 게 아니라 임대 들어올 사람의 맘에 들어야 합니다. 해당 부동산의 소유주는 나지만 사용할 사람은 임차인입니다. 이 점을 명확히 인지하고 있어야 합니다. 그러려면 임차인이 원하는 부동산의 특징을 파악해야 합니다. 지역 중개업소에 문의해도 좋고, 본인이 스스로 임차인이라고 생각하고 어떤 조건이 필요한지를 생각해봐도 좋습니다. 그렇게 정리한 뒤 그런 조건을 갖춘 부동산을 찾아야 합니다. 투자는 막연하게 내 맘에 좋은 부동산을 산다고 성공할 수 있는 게 아닙니다. 임대할 부동산은 특정인이 아닌 불특정 다수, 누구에게나 '그럭저럭 이 정도면 괜찮다' 하는 정도면 충분합니다. 특별한 부동산은 특별한 사람에게만 좋을 뿐입니다.

Q. 마음이 약해서 명도를 잘할 수 있을지 걱정됩니다. 마찰을 빚지 않고 원만하게 명도할 수 있는 노하우를 알려주세요.

A. 경매가 진행되는 부동산의 점유자(소유주 혹은 임차인)는 진행 초기부터 해당 부동산이 경매에 들어간다는 것을 법원으로부터 연락받게 됩니다. 그

리고 그때부터 자신에게 가장 유리한 방법이 무엇인지를 조사합니다. 낙찰자가 가장 명도하기 쉬운 상대는 자신의 보증금을 모두 회수하는 임차인이라고 합니다. 반대로 명도가 상대적으로 까다로운 상대는 갈 곳 없는 소유자나 보증금을 거의 회수하지 못하는 임차인입니다. 일반적으로 그렇지만 반드시 그렇다는 말은 아닙니다. 오히려 전액을 회수하는 임차인이 더 까다롭게 낙찰자를 괴롭히기도 하고, 망해서 돈 한 푼 없는 소유주가 이사비도 안 받고 미련 없이 떠나기도 합니다.

다들 처음엔 사람 만나는 것이 두렵다고 합니다. 경험이 조금 쌓이면 명도도 아무렇지 않게 잘할 수 있을 텐데 처음이라 힘들다고 하는 사람도 있습니다. 물론 경험이 생기면 나아지겠지만 사람을 상대해야 하는 것은 마찬가지입니다. 매번 새로운 사람을 상대해야 하지만 그걸 이겨내야 합니다. 명도는 경매의 일부이므로 '그것만 없으면 잘할 텐데'라는 말은 성립하지 않습니다.

명도는 입찰하기 전 필수 과정인 임장에서부터 시작됩니다. 임장할 때 시세를 파악하고 임대수요를 조사하는 것도 중요하지만, 점유자를 꼭 만나봐야 하는 이유가 바로 명도에 있습니다. 대부분의 초보자가 저지르는 실수는 정확히 조사하지 않는 데서 발생합니다. 경험도 없는데 제대로 파악하지 않고 짐작만 하거나 '나중에 어떻게 되겠지'라는 생각으로 무작정 덤벼들곤 하죠.

명도는 입찰하기 전에 어떻게 진행할지 구상해두어야 합니다. 그러려면 임장할 때 상대방에 대해 파악해야 하죠. 어떤 사람인지, 낙찰자가 결정되면 어떻게 행동할 것인지를 알아내야 합니다. 주변 탐문을 통해 알 수 없다면 만나서 직접 물어봐야 합니다. 상대방에게서 100% 진실이 나오길 기대할 수는 없지만 적어도 물어보지 않아서 고민하는 것보다는 훨씬 낫습니다.

초보자일수록 이 과정을 꼭 거쳐야 합니다. 점유자를 낙찰을 받은 뒤에야 찾아가보니 상상도 못했던 사람들이 해당 부동산에서 합숙을 하고 있을 수도 있습니다. 그런 식으로 당했던 경험이 트라우마가 되어 이후에는 경매를 포기해버릴 수도 있습니다. 사전에 알았더라면 그에 대비하거나 미련 없이 포기하고 다른 물건을 알아봤을 겁니다. 혹시라도 운이 좋아 괜찮은 점유자를 만나서 쉽게 내보낼 수 있었다 해도 늘 그렇게 운이 좋을 수만은 없습니다. 미리 점유자에 대해 파악해 그 성향에 맞춰 대비하는 것이 상대방과 쓸데없는 마찰을 줄이는 아주 좋은 방법이 될 수 있습니다.

Q. 낙찰을 받았는데 알고 보니 해당 부동산에 큰 문제가 있다는 걸 알게 됐습니다(권리관계 또는 부동산의 하자 등). 이럴 경우 낙찰을 취소할 수 있는 방법이 없을까요?

A. 낙찰자의 입장에서 낙찰을 취소할 수 있는 방법은 크게 3가지가 있습니다. 첫째, 최저매각가격의 결정 또는 매각물건 명세서의 작성에 중대한 흠이 있는 경우입니다. 이는 감정평가가격이 잘못 계산된 경우에 대해 낙찰자가 증빙할 수 있거나 법원에서 작성한 경매 부동산의 명세서에 굉장히 큰 잘못이 있는 경우를 말합니다. 과거 사례로 봤을 때 첫 번째 경우에서는 매각허가가 취소된 경우는 거의 없습니다. 특히 잘못 낙찰받은 사람은 집행관이 작성한 현황보고서에 사실과 다른 내용이 적혀 있다는 이유를 들어 매각 불허가를 신청하기도 하는데 현황보고서는 법적 구속력이 없는 서류입니다. 법원에서 말하는 매각물건 명세서란 해당 부동산의 주소

와 면적 등이 적혀 있는 간단한 서류일 뿐입니다. 그러니 이 서류의 작성자가 졸지 않는 한 잘못 작성할 일이 거의 없습니다.

두 번째 경우는 경매절차에 중대한 잘못이 있는 때입니다. 이는 경매를 진행하는 법원에서 반드시 공지해야 할 사항을 빠뜨렸다든가, 반드시 연락해야 할 이해관계인에게 연락을 하지 않았다든가 하는 경우입니다. 이는 가끔 발생하는 일이긴 하지만 낙찰자와 별 상관이 없습니다. 낙찰자가 경매가 취소되기를 원하는 때 이런 일이 발생할 가능성은 거의 없기에 낙찰자가 기대할 만한 취소 사유로 작용하기는 어렵습니다.

마지막 세 번째는 천재지변, 그 밖에 자기가 책임질 수 없는 사유로 부동산이 현저하게 훼손된 사실 또는 부동산에 관한 중대한 권리관계가 변동된 사실이 경매절차의 진행 중에 밝혀진 때입니다. 실무상으로는 낙찰자가 그나마 매각취소를 시도해볼 수 있는 가장 현실적인 내용입니다. 예전에는 이를 기회로 경매를 취소시키기 위해 낙찰 이후 고의로 유치권을 신고한 뒤 이를 권리관계에 영향을 미칠 수 있는 중대한 사안이라고 해서 낙찰을 취소시키는 경우도 있기는 했습니다. 하지만 현재는 낙찰 이후 신고된 유치권을 이유로 경매를 취소시키는 경우는 없습니다.

결국 낙찰 이후 부동산에 권리관계 혹은 부동산에 하자가 있는 것을 알게 되어 경매를 취소시키고 싶다면 해당 사실이 이미 입찰 전에 공지된 사실이 아니라는 것과 중대한 흠이라는 내용을 증빙할 수 있는 서류를 준비해서 신청서와 함께 법원에 제출해야 합니다.

이때 낙찰 이후 아직 일주일이 지나지 않아 매각허가결정이 안 났다면 매각불허가 신청서를 제출하면 되고, 만약 일주일이 지나서 매각허가가 난 상태라면 매각허가결정 취소신청서를 법원에 제출하면 됩니다.

Q. 경매 입문자들이 가장 많이 하는 질문은 무엇인가요? 그 질문에 대해 답해
주세요.

A. 돈이 많은 사람은 경매로 부동산을 사지 않습니다. 꼭 필요한 부동산이 있
는데 그게 경매에 나온 경우가 아니라면 돈이 많은데 굳이 경매로 부동산
을 살 이유가 없습니다. 귀찮기만 하니까요. 중개업소를 통해서 부동산을
사면 대우도 받고 알아서 다 처리해주는데 뭐하러 경매로 부동산을 사겠
습니까?

경매로 부동산에 투자하려는 사람은 상대적으로 돈이 없는 사람들입니
다. 결국 그런 입문자들이 궁금해 하는 건 "경매로 돈 벌 수 있는가?"라는
겁니다. 이에 대한 대답은 "네, 경매로 돈 벌 수 있습니다"입니다. 여기서
끝나면 좋으련만 질문은 "어떻게 하면 돈을 벌 수 있나요?"로 이어집니다.
여기에도 답해봅니다. "잘하면 돈 법니다" 다음에 이어질 질문이 뭔지 짐
작하실 겁니다. "어떻게 하면 잘할 수 있습니까?" 여기서 경매라는 말만
다른 것으로 바꾸면 무엇이든 해당되는 질문입니다. 예컨대 "주식으로 돈
벌 수 있는가?" "창업으로 돈 벌 수 있는가?" 등이죠. 쓴소리부터 하자면
경매로 돈 버는 시기는 저물어가고 있습니다. 주식도 창업도 마찬가지입
니다.

그럼에도 불구하고 경매로 돈 버는 사람은 나옵니다. 그 사람들은 어떻
게 해서 돈을 벌 수 있었을까요? 경매 입문자들이 가장 궁금해 하는 질문
일 겁니다. 하지만 경매로 돈 번 사람이 했던 방법은 완벽히 따라 하지 못
할 가능성이 높고, 따라 하더라도 돈을 못 벌 가능성이 높습니다. 사람마
다 생각하는 방식과 성향이 다른데 그 사람의 방법만 따라 한다고 돈을 벌
수 있을까요? 상황이 어떻든 그 상황을 최대한 이용해서 돈을 버는 사람

은 있습니다. 어떤 아이템이든 그걸 어떻게 찾아내느냐는 우리 스스로에게 달려 있습니다. 여기서는 그걸 찾아내기 위한 기본적인 방법론에 대해 이야기할 수 있을 뿐입니다.

돈을 벌기 위한 기본적인 방법의 첫 번째는 포기하지 않고 노력하는 것입니다. 대부분의 사람들은 잠깐 해보고 안 된다 싶으면 바로 포기합니다. 그러나 다른 어떤 재테크 수단도 모두 필사의 노력을 기울여야 돈을 벌 수 있다는 것은 누구나 알고 있을 것입니다. 아직 돈을 벌지 못했다면 소위 말하는 미중물이 아직 차지 않았다는 뜻입니다. 그러니 그 미중물이 찰 때까지 계속 쏟아부어야 합니다.

두 번째로, 내가 기울이는 노력이 제대로 된 것인지를 살펴봐야 합니다. 여기서 말하는 건 경매의 기본규칙에 관한 것입니다. 자신이 알고 있는 경매지식이 제대로 된 것인지, 제대로 된 규칙을 가지고 경매 물건을 찾고 있는 것인지를 점검해봐야 한다는 말입니다. 시작한 지 얼마 되지도 않고 규칙도 제대로 숙지하지 못한 상태에서 좋은 물건만 찾으면 무슨 소용입니까? 감당하지도 못할 수십억 원짜리 물건을 덥석 물어봐야 뭐합니까? 당장 잔금을 치를 자금도 없어 오히려 보증금만 날리게 될 뿐입니다. 우리에게 큰돈을 벌어다 줄 좋은 물건은 우리가 감당할 수 있는 실력과 능력을 갖췄을 때 다가올 겁니다. 그러니 경매에 입문하자마자 돈을 벌려고 욕심부리지 않는 게 좋습니다. 무리하면 결국 손해만 나게 됩니다.

세 번째, 부동산 경매 지식을 충분히 익혔다면 이제는 그 규칙을 뒤집어 그 속에 틈이 있는지를 살펴봐야 합니다. 우리가 공부해서 얻은 지식의 대부분은 경매를 하는 사람이라면 누구나 알고 있는 상식적인 내용들입니다. 입문자가 보기에는 당연히 어렵겠지만 이미 그 세계에 있는 사람에게는 투자하기 전에 필수적으로 갖춰야 할 지식이기에 그 지식만 안다고 해서 돈을 벌 수는 없습니다. 쉽게 예를 들어 왜 경매를 오래한 사람들이 유치권, 법정지상권 능늘 연구하는지 생각해볼 필요가 있습니나. 법정지상권이란 토지와 그 위에 있는 건물이 마치 하나의 부동산인 것처럼 쓰이다가 어느 한쪽, 그러니까 토지 혹은 건물만 경매에 나와서 매각되는 물건입니다. 하나의 부동산인 것처럼 사용되었으니 당연히 어느 한쪽이 없으면 불편할 것입니다.

전원주택으로 사용하던 부동산이 있다고 가정하겠습니다. 땅은 아버지가 가지고 있고, 건물은 증여를 겸해서 아들 명의로 되어 있습니다. 그런데 그중 땅만 경매에 나왔습니다. 그럼 일반인의 시각에서는 땅을 사용하려는데 그 위에 건물이 있으니 사용하지 못할 것이고, 땅의 가치도 거의 없을 거라고 여기게 됩니다. 그러나 경매 규칙을 충분히 숙지하고 그 규칙을 뒤집어 생각할 줄 아는 사람이라면 반대로 생각합니다. 땅에 투자하려는 사람의 입장이 아니라 건물을 가진 아들의 입장에서 생각하는 것입니다. 건물을 가진 아들의 입장은 어떻겠습니까? 건물이 멀쩡한데 땅이 자기 소유가 아니라서 불안할 수밖에 없겠죠. 기회만 되면 땅을 찾아서 부동산을 안정적으로 소유하고 싶을 겁니다. 이런 식으로 기존의 규칙이나 고정관념을 틀어 생각하면 오히려 가치 없어 보이는 땅을 사서 건물 주인인 아들에게 비싸게 팔 수도 있습니다. 아니면 땅이 없는 건물을 훨씬 더 저렴한 가격에 사서 땅과 합친 뒤 원래 전원주택의 가치에 맞게 팔아 수익을 남길 수도 있습니다.

이제는 이런 식으로 틀을 바꾸는 경매 투자를 해야 합니다. 그래야 돈을 벌 수 있습니다. 남들이 하는 방식을 그대로 답습하면 결국 공부하는 데

드는 시간과 비용만 낭비하고 돈을 벌어준다는 또 다른 신기루를 찾아 떠나게 될 겁니다. 기본을 충실히 따르되 집중력을 끝까지 유지하고 포기하지 않는 사람만이 돈을 벌 수 있습니다.

경매 투자의 목적을 어디에 두는가

부동산 경매 지식은 생소하기는 하지만 조금만 노력하면 누구나 입찰해볼 만한 실력을 키울 수 있다. 낯설기에 어려운 것이지, 내용 자체가 어렵지는 않기 때문이다. 그러나 부동산 경매를 하는 모든 사람이 돈을 버는 것은 아니다. 꾸준히 노력하고 도전하는 사람만 돈을 번다.

부동산 경매를 하는 가장 큰 이유는 돈을 버는 것이지만 대다수의 사람은 버는 쪽에 속하지 못한다. 돈 버는 사람은 소수에 불과하다. 여기서 돈을 번다는 건 자신이 만족할 만한 수준을 번다는 것을 의미한다. 누구나 할 수 있지만 누구나 돈을 벌 수 있는 건 아닌 부동산 경매를 꼭 해야 할까?

필자에게 경매에 대해 물어본 사람들 중에 경매 말고 다른 걸 하라는 소리를 들은 사람도 꽤 많다. 왜 필자는 그런 말을 했을까?

상당수의 사람들은 돈이 목적인 것처럼 착각한다. 하지만 돈은 부동산 경매를 하는 이유이지 목적이 아니다. 사람들이 부동산 경매를 잘하지 못하는 이유는 돈 버는 걸 목적으로 혼동하기 때문이다. 오로지 돈만 생각하고 부동산 경매를 하기 때문에 조바심이 생기고 빨리 처리하려다 실수를 한다. 쉽게 시작하고 쉽게 포기한다. 그렇게 또 돈과 시간을 낭비한 채 다른 재테크 수단을 찾아 떠난다.

필자에게 찾아와 부동산 경매에 대해 궁금해하는 사람에게 오히려 이렇게 되묻는다. "학교 다닐 때 한 번이라도 전교에서 1등을 해본 적이 있나요?" "직장 다니면서 전체 직원 중 고과 1등을 해본 적이 있나요?" 여기에 그렇다고 대답하는 사람은 거의 없다. 그러면 필자가 답한다. 학교 다닐 때 1등 해본 사람, 직장에서 1등 해본 사람이 부동산 경매도 잘한다. 그러니 1등을 해본 적이 없는 당신은 부동산 경매로 돈 벌 가능성이 별로 없다. 그게 돈 벌 수 있는 2가지 중 하나였는데 당신에게는 해당되지 않는다.

또다시 상대방이 묻는다. 남은 한 가지 방법에 대해서. 아직 가능성이 남아 있으니 필자의 대답이 맞는지 틀린지는 이미 관심 밖이고 오로지 다른 한 가지에 대해 깊은 관심을 보인다.

그러면 이렇게 대답한다. 남은 한 가지 방법은 지금까지와 다르게 뼈빠지도록 노력하는 것이라고. 대개의 사람은 그럴 줄 알았다는 실망스런 얼굴을 한다. 필자는 아랑곳하지 않고 계속 말한다. 당신이 지금까지 생활해온 방식으로는 현재와 같은 그 모양 그 꼴이 될 뿐이다. 그 생활방식을 고수하는 한 앞으로 10년, 20년이 지나도 지금 같은 모습에서 벗어나기는 불가능하다. 그러니 지금까지 해왔던 생활방식을 180도 바꿔야 한다. 지금까지 열심히 생활해왔다고 해도 고작 그 수준이다. 그게 불만족스러운 것 아닌가? 좀 더 여유롭게 살고 싶다면 지금처럼 해서는 안 된다. 확 바꿔야 한다.

대체로 필자의 말은 여기서 그친다. 상대방이 더 이상 관심을 보이지 않기 때문이다. 그리고 그때쯤 상대방은 잊었던 기억이 되살아난다. 필자의 말이 맞는지 틀린지에 대한 점검을 하지 않았다는 생각 말이다.

필자가 끝내지 못했던 그 뒤의 말은 이렇다. 부동산 경매 투자는 돈이 아닌 자신이 변화하는 것에 목적을 두어야 한다. 이제까지 어떻게 생활해왔는지와 상관없이 기존의 방식을 버리고 새로운 방식을 익혀야 한다. 왜냐하면 이제까지 돈만 벌고 싶어 했지 실제로 번 게 없었으니까. 기존 생활방식을 계속 고수해봐야 현재 수준에서 벗어나지 못할 게 뻔하니까. 그래서 변화해야 한다. 변화하지 못하면 돈도 벌 수 없다. 부동산 경매 투자를 하든 무엇을 하든 새로운 일을 시작하기 위해서는 기존의 마음가짐과 행동을 버리고 새롭게 변화하는 것이 첫 번째다. 그래야 새로운 것을 내 안에 담을 수 있고, 그 새로운 것을 이용해서 돈을 벌 수 있기 때문이다. 새 술은 새 부대에 담으라고 하지 않던가? 새로운 것을 하면서 기존의 방식을 고수하면 실패할 게 뻔하다. 새로운 걸 담기보다 자신의 기존 생각에 새로운 것을 맞춰 넣으려 할 게 분명하니 말이다.

필자도 한때는 부동산 경매의 목적이 돈이라고 생각했지만 이제는 아니다. 부동산 경매의 목적은 우리 자신이 변하는 데 중점을 두어야 한다. 기존과 전혀 다른 모습으로 변화하는 그 대가로 우리는 돈을 벌 수 있게 되는 것이다. 우리가 변해서 걷게 될 새로운 길은 지금까지 걸었던 길과는 다를 것이다. 우리가 변화하는 정도에 따라 더 크고 더 만족스러운 가치를 가진 길이 될 수도 있고 아닐 수도 있다.

그 길은 욕심이나 생각으로만 갈 수 있는 길이 아니다. 그건 우리의 변화와 반복되는 경험을 통해 찾아내는 것이다. 조바심을 내거나 욕심을 부려서는 찾을 수 없다. 욕심은 우리를 결국 포기로 이끌게 된다. 변화를 목적으로 하고 꾸준히 쉬지 않고 걷다 보면 어느 순간 새로운 길 위에 설 수 있게 될 것이다.

변화는 한 번에 이룰 수 없다. 힘들어 보여도 조금씩 새로운 길을 걸어가면 차츰 기존의 자신에서 벗어나 새로운 자신을 만들어갈 수 있게 된다. 경매를 하는 이유와 목적에 대해 스스로 깊이 생각해보기를 바란다.

밑바닥부터 시작하는 부동산 경매

초판 1쇄 발행 2018년 11월 27일
초판 2쇄 발행 2019년 3월 10일
지은이 전용은
펴낸곳 원앤원북스
펴낸이 오운영
경영총괄 박종명
편집 김효주 · 최윤정 · 채지혜 · 이광민
마케팅 안대현
등록번호 제2018-000058호(2018년 1월 23일)
주소 04091 서울시 마포구 토정로 222 한국출판콘텐츠센터 306호(신수동)
전화 (02)719-7735 | **팩스** (02)719-7736
이메일 onobooks2018@naver.com | **블로그** blog.naver.com/onobooks2018
값 15,000원
ISBN 979-11-89344-25-2 03320

이 도서의 국립중앙도서관 출판예정도서목록(CIP)은 서지정보유통지원시스템 홈페이지(http://seoji.nl.go.kr)와
국가자료공동목록시스템(http://www.nl.go.kr/kolisnet)에서 이용하실 수 있습니다.(CIP제어번호: CIP2018034665)

* 원앤원북스는 독자 여러분의 소중한 아이디어와 원고 투고를 기다리고 있습니다.
  원고가 있으신 분은 onobooks2018@naver.com으로 간단한 기획의도와 개요, 연락처를 보내주세요.